朝日新書
Asahi Shinsho 104

姜尚中の青春読書ノート

姜 尚 中

朝日新聞出版

姜尚中の青春読書ノート　目次

写真提供＝朝日新聞社
カバー写真＝今村拓馬

はじめに

テレビなどの討論番組によく出ているせいか、わたしは世間の人からなにか、論客だと思われているようです。特に最近は北朝鮮の問題について発言を求められる機会が多くあり、「あなたの書いた通りに事態が動いている」と言われることもあります。

わたしは二〇〇三年に『日朝関係の克服』（集英社新書、二〇〇七年に増補版）という本を出しました。この本は、二〇〇二年九月の日朝首脳会談とそれに続く事態を受けて、北東アジアの平和秩序のモデルを提示したものです。ところがその直後、拉致問題をめぐって世論が沸騰したことによって、わたしは激しいバックラッシュにあい、さまざまに批判を浴びせられました。それでも、二〇〇六年十二月からアメリカの対北政策のアプローチが大きく変わってきて、六者協議が動き出したことで、今ではわたしの見通した通りになりつつあります。わたしの考えがブレなかったことが、幸いしたと言えます。

とはいえ、わたしが論客かといえば、そうではありません。むしろ臆病な小心者で、人前で話をするのにも人一倍気を遣うほうです。恥ずかしがり屋の一面もあり、テレビなどに出るときも、いつも緊張してしまいます。

それなのに、日々刻々と動いていて、この先どう転ぶかわからないようなアクチュアルな問題に、批判されるリスクをも承知で、なぜあえて首を突っ込もうとするのか。怪訝《けげん》に思われるかもしれません。

わたしはこのように考えています。それでも人には、この先どう転ぶかわからなくても、決断しなければならないときがあるのだ、と。


たとえば、イラク戦争開戦前夜の状況を例にとってみてみましょう。

イラクへの軍事的制裁の可否をめぐって、イラクに大量破壊兵器があるのかないのかが、論争の焦点になりました。いまとなっては大量破壊兵器がなかったことが明らかになったわけですが、あの当時はあるのか、ないのか、まったく黒白のつかない状態でした。

当時を振り返ってみると、判断の材料はほとんどなかったのです。にもかかわらず、超大国の大統領が「ある」と断言し、アメリカの世論もそちらに傾きつつありました。イラクにはクウェート侵攻の「前科」があり、しかも化学兵器によるクルド人殺傷の映像がニュース番組で繰り返し流され、独裁者フセインは嘘つきではないかというイメージが氾濫《はんらん》していました。

こうして大量破壊兵器はやはりイラクのどこかに秘匿《ひとく》されているのではないか、どうもサダムは信用できない、そうした一方的なイメージが膨らんでいきました。大量破壊兵器はないと反駁《はんばく》すると、すぐさま「証拠を示せ」と問い質《ただ》される始末でした。

そのときに、確信を持って大量破壊兵器はないと断言できる人はいなかったと思います。おそらく、サダム・フセイン自身にもわからなかったでしょう。彼自身がないと思っていても、彼の命令に反して、どこかに備蓄されている可能性だってあるわけですから。

それでもわたしは、「大量破壊兵器はない」というほうに賭けて、とにかく事態を見守ったわけです。

なぜ、そのように判断したのかと言えば、あらまし次のような理由からです。

大量破壊兵器とは、ABC兵器、つまり核兵器（アトミック）、生物兵器（バイオ）、化学兵器（ケミカル）のことですが、当時のイラクにあるのは主に化学兵器、中でもサリンが中心で、VXガスもあるといわれていました。

では、サリンにはどういう性質があり、どんな備蓄状態でどの程度劣化するのでしょうか。精製技術が遅れているイラクで製造されたサリンの場合は、早くに劣化することも考えられます。サリンの毒は保存状態によっては数年で劣化し、ただの液体になる。つまり、まったく使えなくなります。これはわたしが国連査察官のスコット・リッター氏から聞いた話ですが、おそらく誰もがインターネットでそう苦労せずに得られる情報です。

とはいうものの、この大量破壊兵器が「あるかないか」、そのどちらかを選ぶことは、やはり大きな決断です。そして、マス・メディアの前では沈黙は許されず、イエスか、ノーか、旗幟鮮明《きしせんめい》にしなければならないのです。

そもそも、そういった踏み絵を課すメディアのあり方が問題であり、沈黙を貫き通すのも、ひとつの選択肢には違いありません。

しかし、わたしはそうしませんでした。なぜなら、サダムと金正日は「悪の枢軸」の首領とみなされ、イラクの次には北朝鮮がターゲットになる可能性があったからです。

大量破壊兵器の査察が進行中だったイラクの場合、たとえサダムの妨害工作があったにせよ、査察を徹底していけば、大量破壊兵器の有無は早晩明らかになるはずでした。また北朝鮮の場合、異常な独裁国家とはいえ、朝鮮戦争という「終わらない戦争」が続いている以上、有事が大規模な衝突につながる危険性がありました。

これらのことを念頭に、わたしは大袈裟に言えば、身を賭してでも、戦争や衝突の悲劇を回避する「論陣」を張る必要を感じたのです。

企業経営における経営者の決断は、多くの従業員の雇用を左右し、市場や経済全体にも大きな影響を与える場合があります。これに対し、国家の指導者の決断は、有事や戦争になれば莫大な犠牲者が出るのですから、その影響は較べものにならないほど甚大です。ですから、わたしたちは彼らの下す決断を厳しい目でチェックしなければなりません。

もし、さきに挙げたようなデータを冷静に眺めれば、大量破壊兵器などあるはずがない、という結論になったはずです。しかし、アメリカの指導者たちの判断の前提には大きな思いこみがありました。すなわち、イラクは自由主義陣営の敵であり、ならず者国家だ、という決めつけです。北朝鮮の場合も同様のことが言われています。

そうした固定観念に囚われた揚げ句の果ては、どうなったでしょうか。

「大量破壊兵器はある」という判断に基づいて、ブッシュ大統領が実際に戦争に踏み切った結果、すでに三千人以上の米兵が命を落としました。今も月に数十人が亡くなっています。現地のイラク人にはもっと多くの死者が出ています。戦争に関連した、さまざまな暴力で死亡した人が、十数万人にのぼるとも言われています。イラクは人口二千万人ほどの国ですから、その犠牲者の割合の大きさに慄然《りつぜん》としてしまいます。

しかし、結果的に、イラクには大量破壊兵器はありませんでした。「ある」と言ってイラク戦争を支持し、後から「ないというのなら、フセインは早くそれを言えばよかったではないか」と平気で開き直るジャーナリストや学者がいます。でも、彼らから、自分たちの判断の誤りに関して真摯《しんし》な反省を聞いたことはありません。無辜《むこ》の民が死んでいるのにそれに口を拭《ぬぐ》って、また懲りずに新しい発言を繰り返しているのです。

これが六〇年代終わりか、七〇年代初めであったら、こんなことはとうてい許されなかったでしょう。世論や学生たちから指弾され、「立つ瀬」がなかったはずです。

「立つ瀬」とは世間に対する面目であり、流行の言葉で言えば、それこそ「品格」です。過去の忘却の上に、次から次へとセンセーショナルなものを貪欲《どんよく》に追い求めていく、そんなメディアの生理とそれに便乗したジャーナリストや学者、識者や事情通たちの織りなすドタバタ劇を見せつけられ、わたしは暗澹《あんたん》とした気分になりました。

あの夏目漱石がもし今の時代に生きていれば、きっと烈火のごとく怒ったと思います。漱石が小説を書いていた時代は、今と非常によく似た状況があったからです。

この本で最初に取りあげる『三四郎』は、一九〇八年に朝日新聞で連載が始まりました。日露戦争に勝って一等国になった、勝った、勝ったという雰囲気が横溢《おういつ》して、夜郎自大《やろうじだい》的な発言にみんなが心地よさを感じる、そういう時代でした。彼の書いた文章を読むと、それに対する痛烈な批判が見て取れます。人間には矜持《きょうじ》というものがあるわけで、だれしも人間的な弱さや、人には言えない暗部を内に抱えながらも、最終的に、ここだけは決して譲ってはならないものがあるはずです。でも、現代のメディア、ジャーナリズムで発言する人たちに、そのような矜持がどれだけあるのでしょうか。何かが恐ろしく劣化しているのではないでしょうか。

「例外」は「常態」を照らし出すといいます。つまり、いざというときに、人も社会もその本質を露わにするわけです。ギリギリの決断を強いられる時に、どんなスタンスを取るかで、その人の知識や経験だけでなく、もっと深い、人となりや生き方に根ざす信条や価値が問われているのです。

わたしの基本的なスタンスは、ものごとと距離を保ち、自分を見失わず、「イズム」や「ドグマ」にとらわれない、ということです。「イズム」は、目の前の難問にすっきりと魅力的な解釈を与え、それに従えばなんでもたちどころに解決するかのような、そんな幻想をもたらすものだと思います。しかし、それは大きな過ちを招くことがあります。イズムにとらわれないとは、別の言い方をすれば「リベラル」ということにほかなりません。

そうした姿勢を養ってくれたのは、さまざまな本との出会いであり、それに導かれた恩師や先輩、友人たちとの出会いでした。本を読んでは考え、悩み、苦しみ、わけもわからず右往左往し、友人たちと時には喧嘩せんばかりに議論し、先輩の見せる勇気ある決断に驚愕し、恩師を通じて学問の持つ底知れぬ深みに震えるような衝撃を受ける。そうした経験の積み重ねのすべてが、いまのわたしを支えていてくれるように思えてなりません。

この本には『青春読書ノート』という題をつけました。ここで紹介する五冊は、いずれもわたしが高校から大学時代にかけて出会い、是非お薦めしたい本ばかりです。

さまざまな本との出会いは、熊本の片田舎にいた少年を東京へと誘《いざな》い、わたしの人生を決めるような友人、先輩、恩師との出会いを準備し、まだ見ぬ世界へとわたしを導いてくれました。

これらの本とわたしがどのように出会ったか。読書を通じてわたしがどのように変わり、自分や世界とどう向き合うようになったかを話してみたいと思います。

ライトアップされて夜空に浮かび上がる東京都庁ビルのツインタワー＝東京都新宿区

第1章

TOKYOが何だ！

――夏目漱石『三四郎』――

龍田山と三四郎池

夏目漱石は、熊本で生まれ育ったわたしにとって、子どもの頃から大変馴染《なじ》みのある作家です。漱石は小泉八雲（ラフカディオ・ハーン）の後任として熊本の旧制五高で教鞭《きょうべん》を執っていますが、旧制中学だった頃のわたしの高校でも英語を教えていました。

またわたしの実家のすぐそばの内坪井というところには、漱石と鏡子夫人の暮らした旧居があり、さらに鏡子夫人が入水《じゅすい》自殺を図ったといわれている熊本城外堀の白川は、子どもの頃、よく夏になると水遊びをしたところです。そんなことがあって、漱石にはことのほか、親近感を抱いていました。

わたしの実家の目の前にはなだらかな稜線を描きながら寝そべっている感じの、標高一五〇メートルほどの龍田山という山がありますが、この山が『三四郎』にも登場し、漱石の作品を身近に感じることができたのです。

龍田山のことが出てくる『三四郎』のくだりを読んでみます。

熊本市民憩いの森、龍田山。高度成長期は開発計画
に揺れたが、市民運動で緑が残った

東京大学の敷地内にある三四郎池。三四郎がここで
憧れの女性と出会う

三四郎が凝《じっ》として池の面《おもて》を見詰めていると、大きな木が、幾本となく水の底に映って、そのまた底に青い空が見える。三四郎はこの時電車よりも、東京よりも、日本よりも、遠くかつ遥《はるか》な心持がした。しかししばらくすると、その心持のうちに薄雲のような淋しさが一面に広がって来た。そうして、野々宮君の穴倉に這入って、たった一人で坐っているかと思われるほどな寂寞《せきばく》を覚えた。熊本の高等学校にいる時分もこれより静《しずか》な龍田《たつた》山《やま》に上ったり、月見草ばかり生えている運動場に寝たりして、全く世の中を忘れた気になった事は幾度となくある、けれどもこの孤独の感じは今始めて起った。

この直後、三四郎はこの場所で初めて美禰子《みねこ》に出会うことになるのですが、ここで池とあるのは東大の本郷キャンパスの三四郎池のことです。今のわたしの研究室がある建物の十階から眼下に見ることができて、なにか奇縁を感じます。浮世離れしたところのある学問ひと筋の物理学者で、穴倉のような研究室にこもって実験ばかりしている野々宮君は、旧制五校時代の教え子であった寺田寅彦がモデルだと言われています。

龍田山はその昔、緑深い山で、黒髪山と呼ばれていたそうですが、名前の由来は平安時代、歌人の清原元輔が国司として肥後に赴任し、奈良の龍田の里を偲《しの》んで龍田山と命名したことにあるようです。熊本市をみおろす市民の憩いの山ですが、高度成長の頃は宅地開発などで山の緑が激減し、「ハゲ山」の貧寒なイメージが強かったように思います。

それでも、そのふもとに旧制五高、いまの熊本大学があり、それに隣接してわたしの高校がありましたから、龍田山は生活の一部のように溶け込んでいました。

子どもの頃は、熊大の運動場の隅に寝っ転がっては龍田山を眺め、その付近でよく遊んだものです。旧制五高の赤煉瓦の建物がとても印象的でした。また高校に入ってからも野球部でよく龍田山を登り下りし、足腰を鍛えたものです。

こんなわけで、わたしは『三四郎』の世界がわたしのパトリ（故郷）の世界とダブって、まるで自分が三四郎ではないかと、その気になることがあったのです。実際、わたしは、小川三四郎という、陳腐で平凡な名前の青年の軌跡をなぞるように、東京に上っていくことになります。

「東京は太かねぇー」

わたしが三四郎のように、大学に入るために熊本から上京したのは六〇年代の終わりです。東大闘争があって、東大の入学試験が中止になり、早稲田大学に入学しました。政治学にかかわる学部を選んだのは、しっかりとした目処《めど》があってのことではありませんでしたが、それが意図せざる結果として、その後のわたしの進路を決定してしまうことになります。

ところで、実は東京に上ってきたのは、それがはじめてではありませんでした。わたしが最初に東京の土を踏んだのはそれより四年早い一九六五年、東京オリンピックの翌年です。その頃、わたしは中学三年でした。

わたしの友人のお兄さんが世田谷区の千歳烏山にある新聞販売所に住み込みで働いているというので、友人と連れだって訪ねてみようということになったのです。

真夏の暑いさかりでした。にぎりめしをこしらえ、母や家の者にはだまって夜行列車に飛び乗り、いざ、東京へということになったのです。友人たち三人で、意気軒昂《けんこう》、気分はもう東京という感じでした。それこそ、映画「スタンド・バイ・ミー」の世界です。後で熊本に連絡をしたときには、母の怒声が耳元で炸裂《さくれつ》するほど叱られました。

熊本から東京までは、鈍行を乗り継いで二十時間以上かかりました。日中、うだるような暑さの中で、窓を開いて眺める外の世界は、ワンダーランドでした。とくに、テレビアンテナが小さな家々の屋根に犇《ひし》めくように林立する神戸の街の光景は圧巻でした。東京オリンピックをキッカケにカラーテレビの需要が始まり、それこそ、ウサギ小屋のような家々の団らんが、テレビという発光体で光り輝いている感じでした。

列車がのそりのそりと東京駅の八重洲に近づくと、ジャングルのようなビル群から照り返される太陽の光がまぶしく、皮膚を剝《は》がれて血管や神経が浮き出ているような大都会の光景に度肝を抜かれました。思わず、みんなが「東京は太かねぇー」（東京は大きいねー）と異口同音に唸り声をあげていました。

東京駅の八重洲口に着いたときは、煤《すす》で真っ黒の顔を見合わせて、ゲラゲラと笑い転げるほどのはしゃぎようでした。

当時の日本はいざなぎ景気のはじまりで、東京は全体がひとつの巨大な発光体のように輝いていました。

司馬遼太郎は、「帝都東京は巨大な配電盤である」（『本郷界隈　街道をゆく37』朝日文庫）と述べていますが、まさしくそんな感じでした。

ちなみに、帝都とは帝国の首都ですが、いまも本郷の東大構内のマンホールの蓋には帝国大学を意味する「帝大」の文字が残っています。三四郎にとっての東京は、何よりも

「帝都」だったのです。

なぜ帝都なのか。それは明治国家の成り立ちと関係しています。徳川家による旧幕藩体制で数百年の歴史を持つ幕府所在地を、いきなり、薩長などの「田舎侍」が錦の御旗を楯に占拠したのですから、やはりすごい対立と軋轢《あつれき》があったと思います。旧江戸の住民からみるとどこの馬の骨かわからないポッと出の「若造たち」がのさばることになるのですから、お互いに水と油で、なかなか混じり合えなかったはずです。

そのために、日本は帝都という新しい首都が必要だったのではないでしょうか。いわば、帝都という擬制をアンブレラにして、そのもとに異質なものを束ねようとしたのだと思います。そのような擬制のもとに雑多で異質な人々が寄り集まり、それが巨大な配電盤となって、新しい国家のヒトやモノ、情報や文化が循環するシステムが作られたわけです。

それは、いざなぎ景気に沸き立とうとしていた東京にもそのままあてはまりました。街のどこを歩いていても、いたるところに電流が飛び交い、うっかりすると感電死するのではないかと思うほど、東京中帯電しているようでした。

驚きの東京

まだあどけなさの残る中学生にとって、ひと夏の東京滞在は、まったく未知の巨大なフロンティアを冒険するようなスリリングな体験でした。わたしは言葉を失い、ただ呆然と立ち尽くしているようなものでした。その巨大さ、その混沌、その破壊と建設のエネルギー、その猥雑さ、その華やかさ、その速度に唖然とし、ひれ伏したい気持ちにすらなりました。

ルドルフ・オットーという神学者は、「聖なるもの」、崇高なるものに対する戦慄的な体験を「ヌミノーゼ」と呼びましたが、わたしの場合、圧倒的に「俗なるもの」の巨大さに「ヌミノーゼ」と同じような体験をしたことになります。

三四郎もまた、その驚きを次のように語っています。

三四郎が東京で驚いたものは沢山ある。第一電車のちんちん鳴るので驚いた。それからそのちんちん鳴る間に、非常に多くの人間が乗ったり降《お》りたりするので驚いた。次に丸の内で驚いた。尤《もっと》も驚いたのは、どこまで行《いっ》ても東京がなくならないという事であった。しかもどこをどう歩いても、材木が放り出してある、石が積んである、新しい家が往来から二、三間引込んでいる、古い蔵が半分取崩されて心細く前の方に残っている。凡《すべ》ての物が破壊されつつあるように見える。そうして凡ての物がまた同時に建設されつつあるように見える。大変な動き方である。

三四郎は全く驚いた。要するに普通の田舎者が始めて都《みやこ》の真中に立って驚くと同じ程度に、また同じ性質において大《おお》いに驚いてしまった。今までの学問はこの驚きを予防する上において、売薬ほどの効能もなかった。三四郎の自信はこの驚きと共に四割方減却した。

この文章が書かれたのは一九〇八年ですが、漱石の慧眼《けいがん》は、三四郎というひとりの平凡な田舎の青年の目を通してその後の東京の変貌ぶりを言い当てています。実際、東京は、関東大震災と戦争による二度の市街地の焦土化という悲運に見舞われたとはいえ、一貫して「スクラップ・アンド・ビルド」を繰り返し、何かに取り憑《つ》かれたように絶えず膨張してきました。三四郎が呆気《あっけ》にとられたように、東京は絶えざる過剰への欲望に突き動かされるようにして、フロンティアを求めて拡大し続けて来たのです。

わたしがはじめて「お上りさん」となった六〇年代半ばの東京は、埼玉・千葉・神奈川の隣接三県にフロンティアを拡大し、すでにその圏域は一千三百万人を優に超えていました。そしていまでは、三千万人をはるかに超える膨大な人口に膨れあがっています。

三つの世界のきしみの中で

オリンピックの宴の後の東京は、まさしく破壊と建設の熱気がくすぶり続けているようでした。街の中のいたる所が掘り起こされ、鉄やコンクリートの建材が積み上げられて、異様な活況を呈していました。

そして、大学生として再び東京にやって来たわたしは、三四郎と全く同じように、「普通の田舎者が始めて都の真中に立って驚くと同じ程度に、また同じ性質において大に驚ろき、それまでの自分がガラガラと音を立てて壊れていくような目眩《めまい》を覚えました。漱石の言葉を使えば、それまでの熊本での生活が「現実世界に毫《ごう》も接触していない」感覚に襲われ、少しは身につけていたと思っていた知識など、そのような「驚きを予防する上において、売薬ほどの効能もな」いことに気づかされたのです。漱石は三四郎をしてその感慨を語らしめています。

不愉快でたまらない。

この感覚が当時のわたしの胸の中にも宿っていました。いままでの自分は何だったのか、無性に腹立たしく思えて仕方がなかったのです。そう考えると、それまで懐かしく親しいものだった熊本の世界が遠くに退いていくようでした。

その世界は、父や母、おじさんや友人たちが織りなす平穏な、しかしどこか「寐坊気《ねぼけ》ている」ような世界です。三四郎の時代で言えば、「明治十五年以前の香」がするような世界ということになるのでしょうが、わたしの頃で言えば、貧しくても人々が苦楽を共にしていたような、戦後の志が生きていた時代ということになります。それは、ヴァルター・ベンヤミンが詩情豊かに描いている「幼い頃のその日の一日」(『記憶への旅』)のような、メルヘンのように美しい世界ではなかったにしても、郷愁を誘う数々の思い出が詰まった世界でした。その気になれば、その世界にいつでも帰ることは出来ましたし、実際、わたしもしばしば、「暫《しば》くこの世界に柢徊《ていかい》して旧歓を温め」、しっとりとした気分に浸ることもありました。

しかし、すぐに大東京の喧噪と煌《きら》びやかな世界に引き戻されてしまうのです。そのあたりの揺れる心境を三四郎に即して言うと、こんな具合です。

第三の世界は燦《さん》として春の如く盪《うご》いている。電燈がある。銀匙《ぎんさじ》がある。歓声がある。笑語がある。泡立つ三鞭《シャンパン》の盃がある。そうして凡ての上の冠として美しい女性《にょしょう》がある。三四郎はその女性の一人に口を利いた。一人を二遍見た。この世界は三四郎に取って最も深厚な世界である。この世界は鼻の先にある。ただ近づきがたい。近づきがたい点において、天外の稲妻と一般である。三四郎は遠くからこの世界を眺めて、不思議に思う。自分がこの世界のどこかへ這入《はい》らなければ、その世界のどこかに欠陥が出来るような気がする。自分はこの世界のどこかの主人公であるべき資格を有しているらしい。それにもかかわらず、円満の発達を冀《こいねが》うべきはずのこの世界がかえって自らを束縛して、自分が自由に出入すべき通路を塞いでいる。三四郎にはこれが不思議であった。

三四郎と同じく、わたしの場合も、「青春の血が、あまりにも暖か過ぎ」て、「眼の前には眉を焦がすほどな大きな火が燃えている」ように思えて仕方がなかったのです。

にもかかわらず、他方で「眉を焦がすほどな大きな火が燃える」世界から隔絶され、「静かな月日に打ち勝つほどの静かな塵」のつもった世界―学問の世界がわたしを手招きするがごとく佇《たたず》んでいるようでした。それは、「現世を知らないから不幸で、火宅を逃れるから幸」いな世界でした。とはいえ、この世界に入れば、やっと解し始めた大都会の魅力は雲散していくようでした。それはたまらなく残念で惜しいように感じてならなかったのです。

ざっと言えば、こうした三つの世界がそれぞれの存在を競いながら、混乱する頭の中をぐるぐると回っているようでした。それらの軋《きし》む音に耳を塞ぎたい心境でしたが、何ひとつ自分でハッキリとしたことが決められず、ただ眼の前に起きていることを見つめているだけでした。

こうして要するにわたしは、東京という、日本の、「活動の中心に立って」いながら、動揺する世界を見ていて、それに加わることは出来なかったのです。

自分の世界と、現実の世界は一つ平面に並んでおりながら、どこも接触していない。そうして現実の世界は、かように動揺して、自分を置き去りにして行ってしまう。甚だ不安である。

ここには過剰なほどの自意識を持ちながらも、そのために身動きできなくなる青年の未熟さと初々しさが表れています。わたしもそれと似たような心境でした。自分が不甲斐なく、面目を逸しているように思えてならなかったのです。

だが同時に何かヌラヌラとした浪漫的な心情の心地よさが無為な日々を慰めてくれるようでした。

まさにわたしは、あの美禰子が三四郎に向かって口にした謎めいた言葉、「迷い子（ストレイ・シープ）」そのものだったのです。

「烈しく揺きつつある」世界

それでも世界は「迷い子」のことなど全く意に介さないように、烈しく揺《うご》きつつありました。三四郎の時代、日本は日露戦争を通じて「世界の五大国」のひとつになったと言われ、にわかに「一等国」の気分が蔓延《まんえん》しつつありました。ちょうどその時代と同じように、わたしがキャンパスにいた六〇年代の終わり、日本は旧西ドイツを抜いて、西側世界で第二位の経済大国にのし上がり、昭和元禄《げんろく》と呼ばれるほどの活況を呈していました。

そのころ石油会社のテレビ・コマーシャル「Ｏｈ！モーレツ」が話題になったように、日本の高度成長は止まるところを知らず、時代は大衆消費社会の到来に沸き立っていました。カラー・テレビ、クーラー、カーの３Ｃが新三種の神器としてもてはやされ、すさまじい消費のうねりとともに日本列島は総中流化社会へと変貌しつつありました。「かっこいい」「フリーセックス」「ボイン」が流行語となり、四年制大学の学生数も百万人を突破する勢いでした。もはや、三四郎のような悠長な青年は「絶滅種」となり、半ばレジャー気分でモラトリアムを満喫する学生たちが大学のキャンパスを闊歩していました。

しかし、そのような浮き足だった風潮に抗《あらが》う逆流も渦巻いていました。

高度成長のツケは、鉛公害や光化学スモッグ、ヘドロ公害などが続発する劣悪な住環境を強いる結果になり、公害反対の住民運動が高揚し、革新自治体が次々に誕生することになったのです。また昭和元禄を引き裂くように、永山則夫の連続殺人事件が世間を震撼《しんかん》させたのもこの頃でした。「無知と貧困」のままに見捨てられた下積みの若者の凶悪犯罪は、数々の「永山則夫」が底辺に蠢《うごめ》いていることを端《はし》なくもあぶり出すことになったのです。

さらに目を外に転じると、ベトナム戦争が激しさを増し、文化大革命の「造反有理」が世界の若者たちの心を捉え、「革命」や「叛乱《はんらん》」、「解放」や「反体制」といった言葉がまだ虚《うつ》ろではなかった時代です。

でも、左手に『朝日ジャーナル』、右手に『平凡パンチ』というかっこいい若者のスタイルも、全共闘世代が「ダサイ」象徴になるにつれて、「シラケ」のムードが漂い、異議申し立ての熱気は、祭りの後のわびしさを残しながら、消え入ろうとしていました。東大紛争や日大紛争、神田カルチェラタンや新宿駅西口地下広場の反戦フォークソング集会など、若者たちの華々しい「造反劇」も、最後の光芒《こうぼう》を放ちながらも、疾走する経済大国の変貌の中に埋もれていったのです。

新しい時代を渇望する若者たちの夢は萎《しぼ》み、希望の樹液は干からびていくようでした。全共闘世代が打ち壊そうとした既成の権威や価値といった「擬制」はますます巨大に膨れあがり、世界に溢《あふ》れ出そうとしていたのです。このような「烈しく揺く」世界のコントラストを、『三四郎』では三四郎の友人、与次郎の口吻《こうふん》を通じて語らせています。

われわれは旧き日本の圧迫に堪《た》え得ぬ青年である。同時に新しき西洋の圧迫にも堪え得ぬ青年であるという事を、世間に発表せねばいられぬ状況の下に生きている。新しき西洋の圧迫は社会の上においても文芸の上においても、我ら新時代の青年に取っては旧き日本の圧迫と同じく、苦痛である。

政治の自由、言論の自由ではなく、「偉大なる心の自由」を説くべき時運に際会したとまくし立てる与次郎は、明らかに「新時代」の申し子です。彼は、帝都・東京の思想のフロンティアに位置する青年として、激変する世界の意味を「田舎者」の三四郎に講釈してくれます。与次郎が言うには、三四郎は「田舎者」だから中央文壇の新しい趨勢《すうせい》が皆目わからないかもしれないが、「今の思想界の中心にいて、その動揺のはげしい有様を目撃しながら、考えのあるものが知らん顔をしていられる」わけはないというわけです。

文壇は急転直下の勢いで目覚しい革命を受けている。凡てが悉《ことごと》く揺いて、新気運に向って行くんだから、取り残されちゃ大変だ。進んで自分からこの気運を拵《こしら》え上げなくちや、生きてる甲斐はない。文学々々って安っぽいようにいうが、そりゃ大学なんかで聞く文学の事だ。新しいわれわれのいわゆる文学は、人生そのものの大反射だ。

この与次郎の講釈を読むたびに、わたしはまるで自分が三四郎その人ではないかと錯覚してしまうほどです。当時の六〇年代の末、「新時代の青年」にふさわしい文芸や思想がわたしの周りを徘徊していました。マルクス、毛沢東、ゲバラ、サルトル、ボーヴォワール、マルクーゼ、吉本隆明、谷川雁、黒田寛一、全共闘、三派全学連（社学同、社青同解放派、中核派）、革マルなどなど。すべてがわたしには未知の世界でした。

「永野くん（当時わたしはそう呼ばれていました）、吉本が言うようにね、知識人の世界観は、所詮、大衆の原像の転倒した形態にすぎないんだよ。だからさ、本当に革命を起こそうとするなら、大衆の原像に下降していく必要があるんだよ」

与次郎を彷彿《ほうふつ》とさせる友人の長口上に閉口しながらも、すっかり「東京弁」が板についた口吻に、わたしは密かな劣等感を抱きながら、その上滑りの調子に強い反感を持たざるをえませんでした。『三四郎』では、与次郎はお調子者の「トリックスター」のように登場しますから、漱石も、そうした「新青年」たちの軽々しい振る舞いに、どこか皮肉っぽい眼差《まなざ》しを向けていたのではないでしょうか。

「TOKYO」が何だ！

それにしても、三四郎という青年を造型する漱石の視線は、複雑です。江戸から東京に変わる、ちょうどその節目に、東京の中心というよりはその周辺、牛込で名主の末っ子として生まれ、早くから養子にやられた金之助（漱石）は、父母の愛に恵まれず、終生、「捨て子」のようなトラウマを抱いていたはずです。「捨て子」あるいは「子殺し」の話は、『夢十夜』の「第三夜」にも、殺された子どものおぞましい記憶として登場します。

そうした意味で東京は、漱石にとって安らぐ場所ではなかったはずです。ただ、そんな漱石ですが、彼は同時に帝国大学を出、当時の最も進んだ文明と教養を身につけていた第一級の知識人でもありました。その審美眼は、『草枕』に見られるように、陶淵明《とうえんめい》的な古典趣味に彩られながらも、深く西洋的な美意識に浸潤されていました。

そのせいでしょうか、漱石が東京以外の田舎や辺境の地を見る目は、やや屈折しているように思えてなりません。例えば、『三四郎』の中の次のようなシーンです。

三四郎は熊本で赤酒ばかり飲んでいた。赤酒というのは、所で出来る下等な酒である。熊本の学生はみんな赤酒を呑む。それが当然と心得ている。たまたま飲食店へ上がれば牛肉屋である。その牛肉屋の牛が馬肉かも知れないという嫌疑がある。学生は皿に盛った肉を手攫《てづか》みにして、座敷の壁へ抛《たた》き付ける。落ちれば牛肉で、貼付《ひっつ》けば馬肉だという。まるで呪《まじない》見たような事をしていた。

肉刀《ナイフ》と肉叉《フォーク》を動かして食事を摂り、そのあい間に麦酒《ビール》を飲む、そんな行儀のいい紳士的な親睦会での三四郎は、「田舎者」以外の何ものでもありません。どこの高等学校ですかと出身地を聞かれて、三四郎が「熊本です」と答えると、隣の席に座った男からは、遠慮会釈なく、「熊本ですか。熊本には僕の従弟もいたが、随分ひどい所だそうですね」と邪険な言葉が返ってきます。三四郎はひと言、「野蛮な所です」と応じるのですが、それが憮然とした感じなのか、それとも卑下した感じなのか、ハッキリとわかるわけではありません。

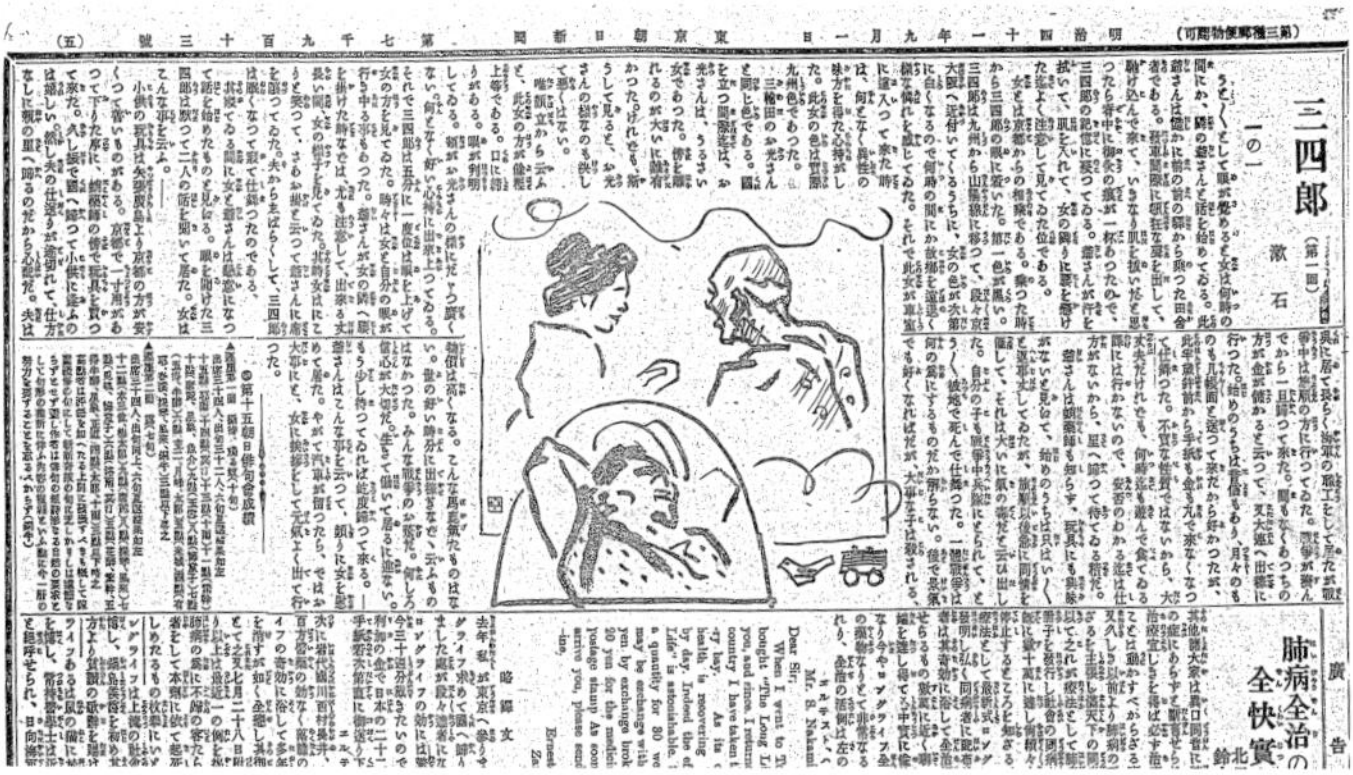
明治四十一年九月一日　東京朝日新聞　第七千九百十三號　（五）

三四郎（第一回）　漱石

一の一

1908年9月1日、東京朝日新聞朝刊で『三四郎』の連載が始まった

それでも、自分の育った田舎を、「野蛮な所です」と言わざるをえないとすれば、随分、屈辱的なはずですが、あえて三四郎にそう言わせているところをみると、そこには漱石の「熊本体験」が反映しているように思えます。やはり、前の赴任地、松山も、漱石には「野蛮な」場所と映ったようです。そのあたりのことは、『坊ちゃん』の中でも窺い知ることができます。

しかも、そのような文明と野蛮の序列意識は、東京と田舎だけの関係にとどまらず、さらに日本と中国、日本と朝鮮の関係にまで投影されているようです。朝日新聞に連載された紀行文『満韓ところどころ』には、中国人・苦力《クーリー》に対する漱石のあけすけな嫌悪感に近い感慨が吐露されています。

ただし、漱石の場合、そのような文明と野蛮、都会（東京）と田舎、西洋と日本、日本とアジアといった二分法は、自分自身にも向けられていました。ロンドン滞在中、街角でふと鏡に映った一寸法師の「醜い黄色人種」は、よく見れば自分の影だったという話は、西洋的な審美眼からすれば、自分も、日本人も、東洋人も、「珍奇な」「野蛮人」に見えてしまうということなのでしょう。漱石は、その深いイロニー（皮肉）を他の誰よりもよく理解していました。その意味で漱石が田舎に注ぐ眼差しは屈折しています。

でも、「随分ひどい所」だと詰《なじ》られながら、「野蛮な所です」と答えざるをえない三四郎の側に立ってみると、わたしの中に「田舎者」のツッパリのようなものがむくむくと頭をもたげてきます。「田舎者」の「愛郷心」（パトリオティズム）と言ったらいいでしょうか。『三四郎』を読んでいて奇異に感じるのは、この青年には、土地に染みついた血と汗の記憶のようなものがほとんど感じられないことです。とても淡泊でこだわりがない、そんな印象がこの青年の、捉えどころのないキャラクターをよく表しています。しかし、その分、より現代に近い青年像を造型していると言えるかもしれません。先に挙げた田舎の世界、東京の煌びやかな世界、そして学問の世界という三つの世界を比較しながら、三四郎がたどり着いた結論は実に陳腐で平凡です。要するに、「国から母を呼び寄せて、美しい細君を迎えて、そうして身を学問に委ねるに越したことはない」というわけです。

そんな三四郎を、漱石は冷ややかに突き放すように評しています。結論は平凡だが、それに到達するためにたくさんの思索の労をとったのだから、それなりに価値があるに違いないと自分に言って聞かすことで満足してしまうインテリの習癖が漱石にはたまらなく嫌だったのかもしれません。

三四郎の「頗《すこぶ》る平凡な結論」が、もはや疑うべからざる常識と化し、ある意味でそれ以外の結論が考えられなくなった時代、それがわたしの学生時代でした。

七〇年代の初め、わたしはひと夏、生まれて初めてソウルで過ごすことになったのですが、日本に帰ってみると、それまで親しんでいた東京が違った世界に見えたのです。「雑菌」が駆除され、ますます清潔になり、暗がりが見られない、悲しいほどに透明で「豊かな」世界、それがソウルから帰ったわたしの東京の印象だったのです。

わたしが幼い日々を過ごした熊本の「在日」の集落をそのまま巨大にしたようなソウルは、至る所に血と汗と涙、汚物を排出しながら身悶《もだ》えしているようでした。「TOKYO」のようなかっこよさも豊かさもなく、煌びやかな輝きもありませんでした。しかし、その中で必死に生きようとする人々の生々しい息づかいと温もりがありました。自分を自分以外の何かに賭けてみようとする、熱に浮かされたような激しいエネルギーがぶつかり合っているようでした。

それとは対照的に、大多数の人々が中流であることにそこそこの満足を見いだしていた「TOKYO」では、潮が引くように政治の季節は終わり、陳腐さと平凡さが合言葉になりつつあるように見えました。血湧き肉躍るような大義はかったるい。革命だの、愛国心だの、そんな禍々しい言葉は封印しておけ。右も左も、「過激派」は迷惑だ。このままで何が悪い。日本人ってほんとにいいよね——。あらましこんな暗黙の合意がなりたち、「平凡な結論」が若者たちの新しい「常識」となっていたのです。

「常識というやつと、おさらばしたときに、自由という名の切符が手に入る。オー、ハッピーじゃないか、マイ・カップヌードル」。このコマシャール・ソングのように、「TOKYO」は、「自由」を謳歌《おうか》する若者たちで溢れているようでした。でも、その「自由」も、自分たちが生きている四方数メートルの世界に限られていたのです。そんな「青銅の襁褓《むつき》」の中に押さえ込まれたような「自由」を謳歌する「豊かな」「TOKYO」がたまらなく嫌でした。ソウルという、巨大なスラムを抱えたアジアの都市を経由して「TOKYO」を見たとき、わたしの心の中にむらむらと押さえがたい反発心が沸いてきたのです。不逞の心意気のようなものがわたしを突き上げ、「TOKYOが何だ!」と叫びたくなるほどでした。

パトリへの愛(パトリオティズム)

ソウルに行く前までのわたしにとって三四郎の「平凡な結論」は、高嶺の花でした。そして「青銅の襁褓」に押さえ込まれた限定つきの自由すらも、まぶしく見えることもありました。しかし、疾風怒濤の政治の季節の中で身悶えしながらも、明日を信じて疾走する父母の国の現実を知ってしまったわたしには、もはや「ＴＯＫＹＯ」は羨ましい、臆するような場所ではなくなっていたのです。何か憑《つ》きものが剝がれていく感じでした。そうすると、遠景にかすんでいた熊本の記憶がより鮮やかに蘇ってくるようでした。熊本の「在日」の集落は、確かに小さなソウルでした。そのソウルの生々しい息づかいを通じて、わたしは「脱ぎ棄てた過去」に引き戻され、熊本というパトリ＝故郷に目を向けるようになったのです。

もちろん、パトリは麗しい思い出だけが詰まった場所ではありません。フォスターの「マイ・オールド・ケッタッキー・ホーム」には差別と抑圧に苦しんだ黒人たちの苦い記憶が染み込んでいますが、それでもそこは彼らにとってかけがえのないパトリだったはずです。それと同じように、熊本は父や母、わたしにとって取り替えることのできないパトリなのです。

熊本という土地柄には、ほかの地には珍しいほどの「土着性と中央への反骨、強固な保守性」（『県史・熊本の歴史』）という、相矛盾した県民気質が見られるようです。長いものには巻かれろという「事大主義」的な性格と、中央や東京何するものぞという旺盛な反骨精神が鬩《せめ》ぎ合いながら、その歴史を彩ってきたのです。父や母が、熊本の地で差別や賤視に苦しまなかったわけではありませんが、同時に熊本の地に溶け込むことで、彼らは自ずから「熊本気質」のようなものに染まっていきました。韓国南部の馬山《マサン》で生まれた父。同じく南部の鎮海《チネ》で生まれた母。韓国の中でも保守的で、それでいて反骨心の強い土地柄は、熊本とウマがあったのかもしれません。

わたしもまた、「在日」の暗い影に怯《おび》えながらも、パトリへの愛着をふんだんに吸収し、その牧歌的な世界にくるまれて育ちました。雑木林や稲刈りの後の広々とした田んぼ、夏の光にキラキラと輝く水源――これらの大人たちの目の届かない「ワンダーランド」が、わたしの中の「鐘楼《しょうろう》のパトリオティズム」を育んでくれたのです。

ちなみに、パトリオティズムと言えば、すぐにナショナリズムと混同されそうですが、パトリ＝故郷への愛着を示すパトリオティズムは、本来ならば、「愛郷心」と訳すべきです。

『愛国の作法』（朝日新書）の中でわたしが語ろうとしたことは、パトリオティズムとナショナリズムの複雑な絡み合いと分岐を解きほぐし、再び、パトリオティズムの本来の意味から「国を愛する」ことを考え直すことでした。

歴史的にみても、「パトリ」(パトリオティズム)と「ナショナリティ」(ナショナリズム)はむしろ対立していました。特定の土地と結びついた誕生と死とが「パトリ」の「不動性の観念」を支えているのとは違って、「ナショナリティ」は、「自分に生をあたえ、育んでくれた故郷のふところへ戻ることを、もはや容易に夢見ることができな」くなった人々によって生み出されたのです(ベネディクト・アンダーソン『比較の亡霊』)。この両者の相克を、最も見事に描いているのが、わたしの好きな映画、ルキーノ・ヴィスコンティ監督の『山猫』です。

祖国統一(ナショナリティの創建)を叫ぶガリバルディと彼に率いられた赤シャツ隊がシチリア島に上陸してきます。この島に数十代にわたって君臨してきた山猫の紋章の名門サリーナ公爵家は時代の新しい波に揺れ動きます。消えて行くしかない貴族の身の上を哀愁をこめて語る公爵ドン・ファブリツィオ・サリーナの独白――「眠りだよ。永い眠りを求めているのだ。だからゆり起こす者を憎むのだ」――が印象的です。旧時代の代表者である公爵にとってシチリアこそ、かけがえのない「パトリ」なのです。

これに対してガリバルディたちは、「ナショナリティ」を代表しています。新しい時代とともに、「パトリ」は「ナショナリティ」の中に吸収され、その記憶は国民の歴史とその記憶の中にかき消されてきました。あたかも、「パトリ」を愛すれば、その延長上に連続して「ナショナリティ」への愛が生まれる、そんなハーモニーを思い描くことができる時代がありました。戦争と高度成長の時代、確かにそうしたハーモニーが成り立っているように思えたのです。国と地域、東京と地方が、ともに国民‐国家の運命を共有し合っているという実感が人々を支えていました。

しかし、もはやそんなハーモニーを描くことすらできなくなりました。グローバル経済の危機と競争をテコに東京へのすさまじいほどの一極集中化が進み、国土の均衡ある発展という建前すらもかすみ、地方が、「パトリ」が見捨てられようとしているからです。極端な言い方をすれば、「金の卵の東京」を肥え太らせることが、何よりも優先されるべき国策になりつつあるのです。

東京は「亡びるね」？

バブル経済の崩壊以後、東京は再び「国策」のフロントに位置づけられました。グローバルな都市間競争が激化し、うかうかしていたら、日本は二流国に転落し、東京はアジアのソウルや香港、北京にすらも遅れを取ってしまう、そんな危機感が広がるようになったのです。「日はまた昇る」ためには、東京を世界都市に仕立て、世界が羨《うらや》む情報都市、消費都市、金融都市にしなければならない。こうした企てが、東京を国策の最前線に位置づけ直すベクトルになり、そこに石原慎太郎という特異なキャラクターの都知事が絡み、東京大改造が進んでいくことになります。

もはや、わたしが上京した頃とは違って、東京がそのフロンティアを水平方向に求めていく運動の時代は終わりを告げていました。その青写真が「環状メガロポリス構造」の東京改造です。これは、陸と空の交通体系を新たに整備し直し、東京圏全体の機能の拡大・強化、効率化を図ろうとするものです。羽田空港の国際化と拡張、羽田・成田空港のアクセス改善、首都圏三環状道路（圏央道・外環道・中央環状線）の建造などがあります。

そしてもうひとつの東京改造は、首都高速道路中央環状線の内側をセンター・コア・エリアとして、そこにメガ・プロジェクトの集中するホットスポットを造成し、多国籍企業の統括的オフィスやファイナンス、情報やメディア、ブティックやレストラン、カフェなどの高級消費施設、タワーマンション、アミューズメント施設などから構成される巨大コンプレックスに作り替えてしまおうとするものです。

東京駅前の丸の内再開発、汐留《しおどめ》シオサイト、品川駅東側再開発、六本木ヒルズやミッド・タウンタワー、晴海《はるみ》アイランドトリトンスクエアや東雲《しののめ》キャナルコートなどには、都市のランドスケープを一新するような、超高層の建築群が、都市のコンテクストから遊離して、「ぽっかりと浮かぶ島宇宙」のように輝いています（平山洋介『東京の果てに』）。

これらの、都市に生きる人々の様々な矛盾や葛藤を脱色したような、単色の純粋さとでも呼ぶべき空間には、もはや「迷い子」のような三四郎や美禰子といった若者たちが生きる場所はありません。もちろん、わたしもそうです。そこにあるのは、グローバルな金融やビジネス、消費の貪欲な世界と直接連結しているような「異空間」です。「新東京人」とは、そうした「異空間」を巧みに力強く泳ぎ回れる人々のことなのでしょうか。

しかし、人がどんなにファンタジーを思い描いても、身体という制約を免れることができないように、東京も、それが都市である限り、そのインフラの制約を受けざるをえません。空を支配し、垂直方向に伸びる超高層のビル群といえども、一定の場所の制約を免れず、都市という地域のコンテクストを消去することはできません。東京という巨大都市のコンテクストには、零細な商店主や町工場の経営者、低所得者や労働者、浮浪者やフリーター、外国人を含めて、異質で雑多な人々の生活空間がひしめき合っているのです。そうした人々の中には、東京をパトリとする人もいますし、また地方のパトリとの臍帯《さいたい》を断ち切れない人もいます。そのような様々に違った思いをもった人々が、東京という大都市に蝟集《いしゅう》しているのです。そして事実上、「千葉都民」とも言えるわたしも、そのような人々の中の一人に過ぎません。

熊本を離れて四十年、わたしは今では「家出息子」のような心情で、パトリ・熊本に限りない愛着を感じるときがあります。それが、「東京の、東京による、東京のための日本」を豪語する人々に対する強い反発心の根っこにあるわたしの思いです。と同時に、絶えず、「国策」と一体化して上昇志向を煽り続ける「加熱の文化装置」に対する強い違和感があります。漱石の慧眼は、それがどんなに無理に無理を重ねた「外発的文化」のなせる業なのか、いち早く見抜いていました。それが、どうしても避けられないとしても、それに煽られるのではなく、立ち止まり、悩み、考え抜き、そして意を決して「自己本位」で生きていくことを選びました。漱石は、そのような「加熱の文化装置」に代わりうるものを提示しえたわけではありませんが、上滑りに煽られていく「新東京人」のような生き方を拒み続けたはずです。だからでしょう、『三四郎』の広田先生を通して「亡《ほろ》びるね」

と語らせているのは。日露戦争で一等国になったと浮かれている日本に対する「国賊」並みの言動ではありませんか。

もちろん、「亡びる」とは、亡国のことを指しているというより、国がいつかは破綻するといいたかったのでしょう。もっとも、広田先生の、漱石の予言の通り、日本はその四十年後、いったんは「亡国」的な敗戦を迎えることになるのですが。

わたしは、東京もまた、「亡びる」のではないかと思うのです。少なくともこのままいけば、そうなるように思えてなりません。そう考えると、『三四郎』は実に意味深長な小説です。

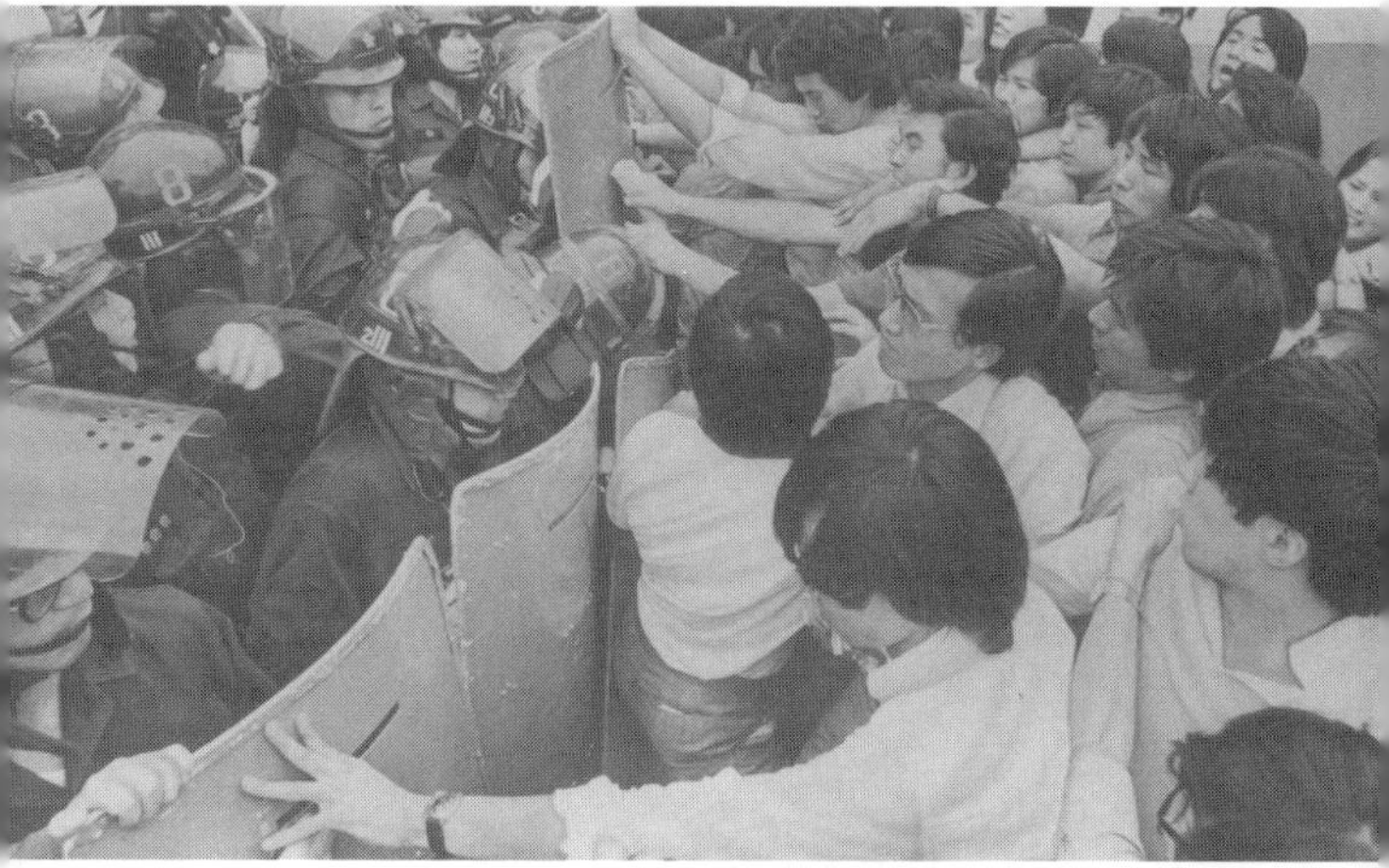

韓国非常軍法会議の判決に抗議するため韓国大使館に向かう途中、機動隊ともみあいになった在日の学生たち。手前に、大学院1年在学中の著者の姿もある＝1974年７月15日、東京・港区南麻布の仙台坂上交差点

第2章

光栄ある後衛になる

――ボードレール『悪の華』――

ボードレールの『悪の華』は、わたしの青春にとって忘れられない一冊です。『悪の華』と聞いて、どんなことを思い浮かべるでしょうか。まさか、これが姜尚中の愛読書なのかと奇異なイメージを持たれるかもしれません。

二〇〇七年、岩波文庫の創刊八十年を記念して、各界の人の愛読書を三冊ずつ紹介するという企画があり、わたしもそれに短い文章を寄せました。わたしはここでも愛読書としてこの本を紹介したのですが、編集者から「意外でした」と言われました。二百人を超える回答者のなかで、『悪の華』を選んだのはわたしひとりだったそうです。

魔の季節　十七歳

わたしがこの本と最初に出会ったのは十七歳のときでした。

高校生活もたけなわのころですが、この本に出会うまでのわたしは、いわゆる体育会系のノリで野球ばかりやっていて、文学とはほとんど無縁でした。そんなわたしが、なぜ『悪の華』に魅了されてしまったのでしょうか。

わたしの通っていた熊本県立済々黌《せいせいこう》高校は野球の名門校のひとつです。読売ジャイアンツの名選手で名監督だった川上哲治さんも、最初に済々黌に入り、その後熊本工業に移ったと聞いています。わたしが小学校のときには春の甲子園で全国制覇もしたことがあり、凱旋する選手たちを迎える地元の熱狂ぶりは、今でも語りぐさになっているほどです。

旧藩校のバンカラな校風で、しかも野球部ですから、先輩からいろいろ無理難題を言われても、とにかく反発せずにハイハイと素直に従っているような生徒でした。

しかし十七歳にもなると、いろいろと悩むようになりました。とくに自分はどうも野球に向いていないのではないかと、深刻に悩むようになったのです。大事な試合のここ一番というときに、緊張してしまって力が出せないのです。

そうなると、プロ野球選手になって活躍するんだという、小学生の頃からの夢が泡のように消えていくようで、虚脱感に苛《さいな》まれ、内に閉じこもるようになりました。

その頃の男の子が将来なりたいものといえばなんといっても野球の選手です。特に九州は鉄腕・稲尾や青バットの大下といった、西鉄ライオンズ全盛期のスター選手のイメージが鮮烈で、男の子の間では野球選手になる夢で持ちきりでした。

子どもの頃から、母親に勉強はどうでもいいから、野球選手になった方がいいと強く勧められていたわたしは、親の期待に応えたいという健気な子供心もあって、毎日どろんこになってボールを追いかけていました。

高校も、受験校というだけでなく、野球に強い「伝統校」ということで済々黌に入ったようなものなのです。それなのに、わたしは野球部を辞め、少年の頃からの夢を断ちきってしまわざるをえなくなりました。

さらに追い打ちをかけるように、わたしは軽い吃音《きつおん》になってしまい、ますます内に籠《こも》るようになったのです。吃音は、ふだんの生活では問題ないのですが、母音がうまく発音できなくて、アから始まる「アメリカ」のような言葉がなかなか出てこないのです。そうなると、自然と話すのがためらわれ、引っ込み思案になってしまいます。

折しも、その頃はアメリカンポップカルチャーが全盛期でした。わたしと同世代の高校生は、ビーチボーイズやベンチャーズの音楽に夢中になり、またオートバイを乗り回すことが流行っていました。でも、わたしはそういう流行に馴染めず、近所の幼馴染みの友人たちとも疎遠になり、孤立していくようになりました。高校の終わり頃には一人ぼっちの心境でした。

「死」を垣間見る瞬間

よく十七歳、特に男の子のそれは「魔の季節」だといわれます。十七歳をひとつのキーワードにここ十年の日本をみても、いろいろな事件が人々の耳目を集めました。

十七歳は少年少女期から大人になるちょうど中間の最も危うい時期なのだということを、ある心理学の大家に教えてもらったことがあります。「私の十七歳」を振り返って、わたしは朝日新聞に「大人への丸太　たじろがず渡ってみよう」（2005年4月16日朝刊）というエッセーを書いたことがあります。高校の現代国語の教科書にも採録されたので、ここに全文を引用しておきましょう。

十七歳。私は死の影におびえ、不安におののくことがあった。夜、寝付かれないまま、天井を見つめていると、体中にじわーっと死の恐怖が押し寄せてくるような感覚に襲われたものだ。

だが一方でわたしの中には有り余るほどのエネルギーが充満し、もてあますほど活力にあふれていた。よりよく生きたい。たった一度の人生なのだから、どんな人間にも負けないような輝かしい生涯でありたい。他人よりも秀で、誰からも羨望《せんぼう》のまなざしでみられるような、そんな青春を謳歌《おうか》してみたい。

しかし、現実はどうだろう。吃音に悩み、自分の出自に煩悶《はんもん》し、愛を告白することすらできない、臆病《おくびょう》で矮小《わいしょう》な「凡人」の姿だった。しかも、野球選手になろうとする夢もしぼみ、幼なじみの友たちとも疎遠になり、ただひとりぽつんとたたずんでいるような自分がいた。そんな時だった、芥川龍之介の皮肉っぽい警句に出くわしたのは。

「人生は一箱のマッチに似ている。重大に扱うのは莫迦莫迦《ばかばか》しい。重大に扱わなければ危険である」（『侏儒《しゅじゅ》の言葉』）

そうだ、人生なんて、後生大事なものと思う必要なんてないんだ。でも、ぞんざいに扱えば、自分だけでなく、他人をも道連れにするような厄災をもたらすかもしれない。それほど扱いづらいのが人生というやつではないのか。

もちろん、十七歳で人生を悟ることなどありえないのだが、それでもこの言葉は、私にとっては「天啓」のような贈り物だった。結局私のなかで生の欲望が強ければ強いほど、死の恐怖も大きくなっていたことに気づいたのである。

後に高名な心理学者から教わったことだが、当時の私は例えて言えば、深い渓谷に架けられた丸太の上をおずおずと歩いていたことになるようだ。丸太を渡りきれば、「大人」への入り口にたどり着くことになるのだが、人によっては偶然に深い谷間の深淵をのぞき見てしまうことがあるらしい。

わたしは幸か不幸か、丸太を渡った。そしていま、絶滅収容所からのサバイバーであるフランクルが言うように、「時の痛みとともに永遠の至福が訪れる」ことを信じられるようになった。今月、安らかに息を引き取った母をみて、ますますそう思うようになったのである。丸太を渡ってみよう、きみたち。

大人になるということは、いわば死に向かって日々自分の時間を刻み込んでいくことです。それは、別の立場からみれば、「成熟」ということになります。一歩一歩死に向かっていくということを、わたしたちは「成熟」という形で徐々に受け入れていくわけです。でも、少年少女にはそれが受け入れられない。そういう存在である彼らが死の深淵のようなものを直観的に垣間見たときに、彼らに何か大きな変化が起きるのかもしれません。

十七歳前後の男の子の殺人事件のなかに、人がどうやって死ぬのか、知りたかったといった、大人からするとなかなか理解に苦しむ理由で、人を殺すこと自体が目的であるかのような殺人事件がいくつかありました。

わたしたちは大人の論理で合理的な解明を望むわけですが、それを撥《は》ね付けるような事件が起きているわけです。十七歳の頃のわたしにも、説明のつかない変化が起きていたと思います。それがキッカケになり、わたしは体育会系のノリから一転して内向的な性格に変わり、引っ込み思案な青年になってしまったのです。その頃からです、本を貪《むさぼ》るように読むようになったのは。

蠱惑的なタイトルに惹かれて

当時読んだのは、サマセット・モームや芥川龍之介、太宰治、坂口安吾などの本です。たまたま、家に出入りしていた古本屋さんの持ってきたものだったのですが、同じようにして『悪の華』と出会うことになったのです。

「悪」という言葉にまず、引きつけられました。

その悪に、華がある。しかも、花でなく「華」です。

これは驚きでした。岩波文庫といえば、難しくて啓蒙書的な本ばかりだと思っていたのに、よりにもよって「悪」なんて……。しかも悪と華、対極にあるような二つの言葉が組み合わさっている。蠱惑《こわく》的なタイトルに惹《ひ》かれると同時に、これは何だろうと、思案しました。十七歳の終わり頃には野球も遠のいていましたから、学校をサボって家で読みふけりました。

デカダンスの中で求めた人間の真実

それにしても、なぜわたしはボードレールに惹かれるようになったのでしょうか。そのキッカケは蠱惑的なタイトルの魅力もあったのですが、それだけではありません。

その頃、教科書に取りあげられているからといって読まされる「定番」がありました。夏目漱石や芥川龍之介、エッセイストなら小林秀雄、日本浪曼《ろうまん》派に入るのでしょうけれど、マルキストから転向した亀井勝一郎などです。そんな中でたまさか芥川の『或阿呆《あるあほう》の一生』を読んでいるとき、「人生は一行のボオドレエルにも若《し》かない」という一節に出くわしたのです。芥川らしい警句的な言葉がちりばめられた小説ですが、「ボードレールって誰だろう」と、その名前がずっと頭にひっかかっていたのです。

もう一つは、ボードレールは米国では不遇だったエドガー・アラン・ポーの翻訳を試み、フランスのポー・ブームの火付け役になっているのですが、わたしは日本の江戸川乱歩をまず読んで、それからその名の由来となったポーを読むようになり、ボードレールがポーから影響を受けていたことを知って、ボードレールにたどりつくわけです。

なによりもわたしを強く惹きつけたのは、この詩集の全体を覆っているデカダンス、退廃でした。その強烈な毒が、アヘンの芳香のように立ち上り、くらくらするような目眩《めまい》を感じるほどでした。

しかも、人間の真実を求めるひたむきな詩情が惻惻《そくそく》と伝わってくるのです。心が震えるような心地でした。

この詩集には社会通念としての美しいものはなにひとつありません。登場するのは、それこそ煤煙《ばいえん》にまみれた労働者であったり、あるいは路上をさ迷うせむしの老婆だったり、売春婦であったり、あるいは外見の華やかさとは裏腹に内面はぶよぶよの、精神が潰瘍《かいよう》状態になったような貴婦人であったり、要するにわたしたちが普通、美しいと思うものの対極にあるような、退廃した、醜悪なものばかりです。

マルクスが『共産党宣言』を書いたのが一八四八年。『悪の華』の初版が出たのは一八五七年です。フランスは世界における近代のメッカで、パリにはこの世の悪徳と悲惨、豊満さと貧寒さがひしめきあっていました。

同じ時代のロンドンを舞台にしたディケンズの『オリバー・ツイスト』を読むと、大人たちからひどい扱いを受け、数奇な運命をたどる孤児が物語の主人公です。煤煙と汚泥にまみれたロンドンの下層の世界は、ひどいものでした。漱石も日記に書いていますが、世界の中心であるはずのロンドンを歩いていると、煤で黒ずんだ唾が出るほど大気が汚染されていたようです。埃《ほこり》と煤煙と不衛生さ。これが漱石が見た十九世紀末のロンドンですが、パリも同じだったでしょう。

混沌の中で噴き出すさまざまな矛盾。下層民、ルンペン・プロレタリアート、ホームレス、などなど、パリの街頭には人間のクズのような扱いを受けていた人たちが、有象無象《うぞうむぞう》うろついていたと思うのですね。ボードレールもそのひとりだったのでしょう。借金取りに追われ、病にかかり、情婦とは諍《いさか》いが絶えなかった。パリの冬は寒いですから、一年中、着替えもなく着たきりの状態で、とぼとぼと、街をさまよい歩いていたのではないでしょうか。

わたしも、大学に入って、東京の雑踏の中で呆然としたまま、山手線に乗って半日間、ぐるぐると回った経験があります。オレは野球もできない。友だちもいない。なぜ人々はこんなにせわしなく働いているのか。初めて東京に出てきたときは、ただ、「東京は太かばいねえ」と感心するばかりでしたが、「なんで、こがん人がおっとかいねえ」と、嘆息が出るほどでした。

雑踏をゆく人をひとりひとり観察すると、一応みんな顔はあるけど、朝の出勤ラッシュでは黙っていて、一様にふきげんな顔をしています。それが夕方になるとうってかわって、ザワザワと人々の笑い声や嬌声《きょうせい》が飛び交《か》い、雑踏の中にも人々の息づかいが窺えるようでした。もちろん東京は、ボードレールの時代のパリと較べれば、もっと巨大でスマートになっているはずです。それでも、東京の雑踏の中の猥雑さから想像すると、ボードレールの時代のパリの雑踏にはより肉感的な猥雑さが感じられたはずです。

近代と格闘したボードレール

ボードレールの詩には、近代という時代の突先で懊悩《おうのう》する詩人の痛ましいほどの苦悩が浮き出ています。近代とは何なのか。これは、大袈裟に言えば、わたしの終生のテーマと言っても差し支えありません。
後で紹介するマックス・ウェーバーも、この問題との知的格闘を、膨大な社会学のトルソとして残しました。
ウエーバーが妻のマリアンネと一緒にアメリカを旅し、ニューヨークとシカゴという巨大都市の光景に圧倒されるシーンがあります。見たこともないような摩天楼のビル群と、その間を縫うように走る電車。夥《おびただ》しい数の人々がビルから吐き出されて蟻のように蠢《うごめ》く光景は圧巻だったはずです。ニューヨークやシカゴは、皮膚がはがれてむき出しになった神経や筋肉が今にも飛び出しそうで、その生き馬の目を抜くようなすさまじさは、ウェーバーに強烈な印象を与えたはずです。ウェーバーは、妻マリアンネにしみじみと語っています。

「見てごらん、これが近代というものなんだよ」

人がせわしく行き交い、その背後にビルが建ち並び、朝から晩まで猛烈な勢いで都市そのものがひとつの巨大な生き物のようにのたうち回っている、そんな世界の中では、立ち止まって永遠不滅のものを考えようにも、そんなものは絵空事としか思われない。みんなが早足で歩いているときに、ひとり突っ立って考えていると、「バカか」と言われ、蹴倒されるのが関の山ですから。

ボードレールにとっての近代は、俗っぽくて、猥雑で、儚《はかな》くて、永遠というものとはおよそ縁のない世界でした。もしそうした近代を否定し、失われたものを理想にするならば、それは浪漫主義になると思います。

浪漫主義は、近代の醜い現実を受け入れることができません。失われたものへの痛切な哀惜と美意識こそが、浪漫主義の核心にある心情です。浪漫主義はある意味、病的です。みなさんも病み上がりのとき、ボーッとして、地に足が着かないような心地がして、ふだんの自分と違った気分になるときがあると思います。浪漫主義というのはそれに似ています。

ボードレールは、浪漫主義を否定しています。

近代が創りだしたパリの現実を拒否し、あるいは古代の世界に理想を求め、いにしえの昔はよかった、昔はこんなに素晴らしい模範的な社会があり、ひとびとがいた、これこそが永遠の美である、などという浪漫主義を、ボードレールは拒絶します。
いまそこの路上でうごめいているせむしの老婆の姿の中に美を発見し、あるいは明日をも知れない労働者の中に古代のスパルタの剣士のようなヒロイズムを見いだしたりしたのです。彼にとっての永遠とは、この儚い今のなかにしかありえないものでした。

学校で習うのとは違う世界

この詩集の冒頭の「読者に」を読めば、ちょっと最初はぞっとすると思います。なぜこんなに退廃的なのかと思わざるをえないはずです。

愚癡《ぐち》、過失、罪業《ざいごふ》、吝嗇《りんしょく》は
われらの精神《こころ》を占領し　肉體《み》を苦しめ、
乞食どもが　虱《しらみ》や蜫《だに》を飼ふごとく、
われらは　愛しき悔恨に餌食《えじき》を與ふ。

十七歳だったわたしはまずこれを読んで、「ドキッ」として、心を深く抉《えぐ》るような言葉の短刀がグサリと刺さるような痛みを伴う驚きを感じたのです。

倦怠は人間を破壊する

この『悪の華』の冒頭の「読者へ」から立ち上る倦怠、アニュイに反発と共感を覚えました。というのも、その当時、自分はこのまま無為に青春時代を過ごしてしまうのではないか、そんな思いにとらわれていたからです。今でいうと、ひきこもりになっていたのです。

後にもう一度、ドイツに留学したときにもひきこもりのような状態に陥るのですが、十七歳のときは、鉛色の季節を生きているようで、かけがえのない青春時代が指の間からこぼれ落ちる砂のようで、陰々鬱々としていました。

そして、とにかく気怠《けだる》かったのです。理由はよくわからないのですが、鬱病とか神経症とかのある時期にはそういう気怠さを伴うことがあると聞いたことがあります。その時はとにかく、自分は無為だ、何もできない、何をしたらいいかわからない、という状態だったわけです。
そのように病んだわたしの目に、「倦怠」という言葉が飛び込んできたのです。倦怠、アニュイこそは人間を最も破壊する、「怪物」だと。

これぞ　倦怠。——眼に思はずも涙を湛《たた》へ、
長き烟管《きせる》を燻《くゆ》らせて　斷頭臺の夢を見る。
讀者よ、君はこれを知る、この微妙なる怪物を、
——僞善の讀者、——わが同類、——わが兄弟よ。

大変衝撃的な言葉でした。こんなことを自分の小説や詩の巻頭に言ってしまえるなんて、思いも寄らないことでした。それまでのわたしは、正邪がはっきりした勧善懲悪的な物語ばかり読んできたので、目からウロコが落ちる気がしたのです。
お前もオレも偽善の中に生きている。この世界の人間たちは同類なんだと、ボードレールに言われたような気がしました。無為やアニュイは人間をある意味において破壊する。しかし、無為の中にこそ、わたしたちの本性があるのかもしれない。そういうメランコリ

ックなメッセージにわたしは惹かれたのです。

心の闇と破壊願望

十七歳から十八歳にかけてのわたしは、芥川の『歯車』や『河童《かっぱ》』とか、あるいは漱石の晩年の作品を読んで、根暗になってしまった時期がありました。なにか自分を破壊したいという願望がむくむくと頭をもたげてくるようでした。鬱勃《うつぼつ》として、いっそのことこの世界も砕け散ればいいのに、というようなことを考えたこともあります。ですから、十七歳というのは、きわめて危うい時期だったことになります。

以前にも、こんな事件がありました。西日本の十七歳の男子高校生が、わたしと同じ野球部員でしたけれども、野球部の中で日頃、自分をいじめていた後輩をバットで殴り倒し、家でお母さんを殺してしまったというショッキングな事件です。その高校生は東北の日本海側に自転車で逃避行を続けていて、逮捕されました。そのとき彼はリュックの中に膨大な数の「ポケモンカード」を詰め込んでいたのです。そこで新聞には「ポケモンに少年の心の闇が」という見出しが躍り、「心の闇」という言葉が人口に膾炙《かいしゃ》しました。

当時は、事件が起きると、「心の闇」という言葉が流行りました。そのときわたしは朝日新聞の紙面審議委員をしていて、社会部の記者に「心の闇とはなんですか」と質問を投げかけてみました。その質問の意図は、こうです。

自分がこうして五十数歳になるまで生きて来て、今までに何度も危ういことがあったが、それでも何とかしのいできた。しかし、偶然にも、何かが一つ違えば、わたし自身がこの少年と同じような殺人を犯していたかもしれない。犯罪に手を染めてしまう人間の危うさは常にわたしたちにつきまとっている。にもかかわらず、それを「心の闇」という言葉で括《くく》ってしまうと、さもわかったように錯覚してしまうことにならないか。

翻《ひるがえ》って、「闇」を持たない人間がいったどこにいるのだろうか。生きている限り、闇というものを誰でも持っているわけで、そういう闇のようなもの——憎しみや悔恨、ジェラシーや退廃的な倦怠など、ボードレールの言葉を借りれば、「人間の背徳を飼ふ穢《けが》らはしき動物園」の「悪魔の群」ということになりますが——がない人間はいないと思う。とすれば、「心の闇」に光を当て、少年の心の内界をあれこれと詮索《せんさく》してわかり切ったような「レッテル貼り」をやることとは、むしろ少年を取り巻く社会的な「関係性の病理」に目を閉ざすことにならないか。それがわたしには気がかりだったのです。

わたし個人は、自分の十七歳の体験から、この少年の中にいったい何が起きているのか、少しは忖度《そんたく》できるような気がしました。確かに、犯罪が起きたとき、被疑者の内界の風景がどうであるのかを見極めることは重要です。ただ、人間の心を科学によって判定する場合、やはり一義的なスッキリとした回答を求めがちです。でも人の心は本来、多義的な解釈を許すものに充ち満ちています。本人すらわからないようなモチベーションがある場合だってある。

ボードレールは、わたしたちが「心の闇」などというクリシェ（常套文句）で片付けてしまいがちな心の「悪魔の群」に限りない哀切にも近い眼差しを向けているように思えます。それが、わたしを魅了して離さないのです。

見知らぬ世界へ誘われて

パリの憂鬱の中で生きたボードレールですが、彼はボワイヤージュ、旅についていくつかの美しい詩を残しています。見知らぬ世界に対する、甘美ではかない夢が陽炎《かげろう》のように揺《たゆた》う詩です。

とくに「旅のいざなひ」は、いまでも「どこか見知らぬところに行きたいなあ」というときに読むと、「ああ行ってみよう」という思いになる詩です。

わたしはこの詩を何度も何度も読み、そらんじることができるほどになりました。特に、岩波文庫の鈴木信太郎訳は文語体なので調子がいいのですね。

旅のいざなひ

　わが兒《こ》、わが妹《いも》、
　夢に見よ、かの
國に行き、ふたりして住む心地よさ。
　長閑《のどか》に愛し、
　愛して死なむ
君にさも似し　かの國に。
　翳《かげ》ろふ空に
　潤《うる》みたる日は、

涙の露を貫きて輝く　君の
　心を洩らす
　眼相《まなざし》の　いと
神秘なる魅力あり、わが魂《たましひ》に。
かしこには、ただ　序次《ととのひ》と　美と、
榮耀《えいえう》と　静寂《しじま》と　快樂《けらく》。

この「かしこには」以下の部分は、十七歳で読んだとき、身が震えるほどの感動のさざ波が伝わってきました。何度も読んでいるうちに、自分はこのままここにいてはだめだ、やはり見知らぬ世界、東京に出てみるか、という気持ちになったのです。

「在日」と出会う

東京に出てきたわたしですが、大学に入っても何もすることがなくて、わけもわからず東京を徘徊《はいかい》していました。そして、なぜこんなに人がたくさんいるのに、どうして人と出会わないのだろうな、と思っていたのです。

でも前の章でもちょっと触れましたが、一九七一年に初めてソウルに出かけたことがきっかけとなって、わたしは自分と同じ境遇にいる「在日」の学生たちと出会うことになります。韓国文化研究会というサークルです。そのようなサークルの全国的な組織が韓国学生同盟という団体でした。

学生同盟は、年に一回、サマーキャンプという全国規模の「リトリート」(研修会のようなもの)を開催するというので、わたしも初めて参加することにしました。男女比はだいたい半々ということですから、いろんな人に出会えるのではないか……という、年頃らしい、異性への関心もありました。

北は北海道から南は九州まで、全国から在日の学生たちが参集し、二泊三日のキャンプ生活をしながら、いろんなことを語り合いました。一九七三年七月のことです。場所は長野県の美ヶ原高原です。最近、三十年ぶりに訪れたら、宿泊したペンションのような建物がまだ残っていて驚きました。

そこでわたしは初めて自分と同じ境遇の多くの男女と出会いました。いくつかのグループに分かれて、侃々諤々《かんかんがくがく》議論をし、友情を温めました。韓国の民主化をどうすべきか、自分はどうやって日本名から韓国名に名前を変えたのか、大阪ではどうか、名古屋はこうだとか、いろんな学習会を重ねて情報を交換し、お互いの境遇について語り合ったのです。

そして、明日、離ればなれになるという二晩目に、恒例になっていたキャンプファイヤーで盛り上がりました。わたしにとって印象深い出来事でした。何と、キャンプファイヤーの周りでフォークダンスを踊るのです！　密かに心を寄せていた女子学生とやっと踊る順番が巡ってきたという喜びに胸がときめき、時間を忘れるほどでした。そうやって高原のひんやりとした夜気の中にキャンプファイヤーの火が次第に小さくなりながら消えていきます。あたりは真っ暗になって、満天の星がまたたいていました。わたしはその時、人生の中で初めて、二十歳もとうに過ぎているにもかかわらず「青春」ということを痛感したのです。

「青銅の襁褓《むつき》」に囲われているような窮屈な青春が、この時だけは何か大空に向かって開かれていく感じがしました。肩を組み合って「青春放浪歌」を歌い、「統一の歌」に声をからすと、無性に涙がこぼれてならなかったのです。

そのときに思い出したのが、「人間の裸體時代の回想を……」という詩です。これもわたしにとっては本当に印象深く、何度も何度も反芻《はんすう》した詩です。

私たち、腐敗し切つた國民も、眞《まこと》を言へば、
古代の民族には未知の　美を持つてゐる。
精神の潰瘍により頽《くづ》れた容貌、
憔悴の美とでも言へるやうなもの。
しかし　われらの手遅れの美女神たちの發明も
この病弱の種族をして　深い敬慕を
青春に　捧げる邪魔にはならないだらう、

そのあとがきれいなのですね。

——姿は素朴、額はやさしく、眼は水の
流れるやうに　透明で　また清らかで、
大空の青さの如く　小鳥の如く　花の如く

無關心でありながら、全てのものに　薫と歌と
快い熱とを灑《そそ》ぐ　神聖な青春に。

いい詩ですね。

わたしたちは太陽の光の中で自らの肉体を誇れるような健全な青春を失って久しい。わたしたちの眼の前にみる男女は、病的なほどに痩《や》せ、ねじれ、ぶよぶよの裸体の持ち主でしかない。だがそれでも、ただひとつ残された美がある。青春という名の美が。デカダンスの根っこにある無垢な魂をみる思いでした。

わたしはサマーキャンプにもこの本を持ってきていましたから、キャンプファイヤーが終わったときに、美ヶ原の夜空を見上げて、この詩を口ずさみ、やや感傷的になっていました。

これで自分の大学時代はもう終わりだ。みんなちりぢりばらばらになる。みんなこれから、どこにいくのだろう……。

当時は「在日」にとって就職はほとんどない時代ですから、みんなそれぞれの持ち場にもどって大学を卒業しても、その後の展望は皆目見当もつかない状況でした。しかし、こ

こでみんなと過ごした時間だけは決して忘れることはないだろう。青春の終わりに最もふさわしい場所で仲間と過ごせた歓喜がわたしを包んでいました。

その八月でした。熊本に帰省して、ひと夏の余韻にひたっているときに、けたたましい電話のベルとともに「サンジュン、大変なことがおきた。東京のパレスホテルで金大中氏が拉致された」という一報が入り、あたふたと再び、東京にもどることになったのです。

銀座に「銀巴里《パリ》」という、昼間はライブのシャンソン喫茶、夜はキャバレーに変身する店がありました。金子由香里さんや美輪明宏さんが活躍していた時代で、フランス文学をかじっていたこともあり、足繁《しげ》く通いました。心ときめくような心地でした。

金大中氏拉致事件で数寄屋橋公園にテントを張り、抗議のハンガーストライキを決行することになるのですが、時々、そっと抜け出して銀巴里に通ったものです。

数寄屋橋公園には岡本太郎の「太陽の塔」に似た「若い時計台」が立っています。その傍らにそっとみんなでふたつのテントを張り、同時にいつでも撤収できる体勢でハンストを決行したのです。真向かいには交番がありますから、ひやひやしていました。

シャンソン喫茶「銀巴里」。著者がハンストの合間に通った＝東京・銀座

日本はなんていい社会なんだろう

七〇年代のはじめ、三島由紀夫の割腹自殺事件や連合赤軍の一連の事件など、衝撃的な事件が相次ぎましたが、日本は盤石の経済大国としての地位を固めつつありました。七五年、ジスカール・デスタン仏国大統領によって提唱されたG7サミットの有力メンバーになり、日本は世界の檜舞台に登場するようになりました。

その頃の首都・東京のどまんなかにある銀座は、不夜城のようにネオンが輝き、三々五々、老いも若きも多くの人々が銀ブラを愉《たの》しみ、通りには笑いが弾けて、平和そのものでした。どうして日本はこんなに平和なんだろう。いいなぁー。こんなに平和で人々が夜も何の心配もなく外を歩けるなんて……。

その当時の韓国、特にソウルは、非常事態宣言で夜間外出禁止令が出ていましたから、十二時をすぎると夜の外出は原則禁止でした。証明書を持たずに出歩けば、場合によってはそれこそ射殺されることもありました。

金大中氏は自伝の中でこう言っています。「日本がうらやましい」と。

自分はこの東京のホテルの一室で眠りにつこうとしているけれど、ソウルの夜の下に呻《しん》吟《ぎん》する人々のことを思うと、寝付けない。いまソウルの市民たちはどうしているのか。それに比べて東京は何て平和なんだろう。みんな、どんな夢を見ながら夜を過ごしているのだろう。東京が、この日本が、うらやましい。金大中氏はこんなふうに述懐しています。

韓国大使館の前にデモをかける

わたしもそうでした。

どうして父母の国はこのようにいろいろな問題を抱えているのだろう。なぜ自分たちは惨めな気持ちになるんだろう。どうして……。そんな答えのない問いが次から次に浮かんでくるのです。

ハンストを終え、韓国大使館にデモに行くことがありました。麻布の有栖川公園にまず集まって、そこで集会を開き、その余勢をかって韓国大使館へと向かうのです。わたしは「先遣隊」として先に大使館に到着し、何食わぬ顔で正門の近くに佇《たたず》んでいました。たくさんの機動隊員が周りを固め、大使館周辺は騒然としていました。やがてデモ隊がやって

ネオン瞬く銀座の夜景＝1972年7月

来て、声明文を大使館員に渡そうとするのですが、機動隊に阻まれ、なかなか渡せません。なぜ自分たちの国籍のパスポートを発給する大使館の中にまともに入れないのだろう。入れないだけではなくて、大使館の中から、パチンパチンとカメラのシャッターが切られ、お前たちを写した、という大声がむこうから飛んできたのです。

デモに参加しているのは、特別の学生ではなく、普通の「在日」の学生です。係累に難が及ぶのでないかと、不安が広がりました。そんなこともあって、代表者が声明文を涙声で読み上げる時には、わたしも感極まって泣いてしまいました。その時の号泣するような顔の写真が残っています。

最近、わたしも韓国大使館によく招かれて中に入ります。冗談半分に、昔はここでこんな目にあったというと、むこうも笑いながら「申し訳ありません」と応えてくれます。ああ、自分はここに自由に入れるようになったんだなあと、変化を実感します。

そして、応接室には歴代の大使や領事、いうまでもなく、そのなかに当時のKCIAの日本の責任者で金大中氏拉致の現地の総責任者だった人の写真が飾られています。しかし、それも遠い過去の出来事になってしまいました。

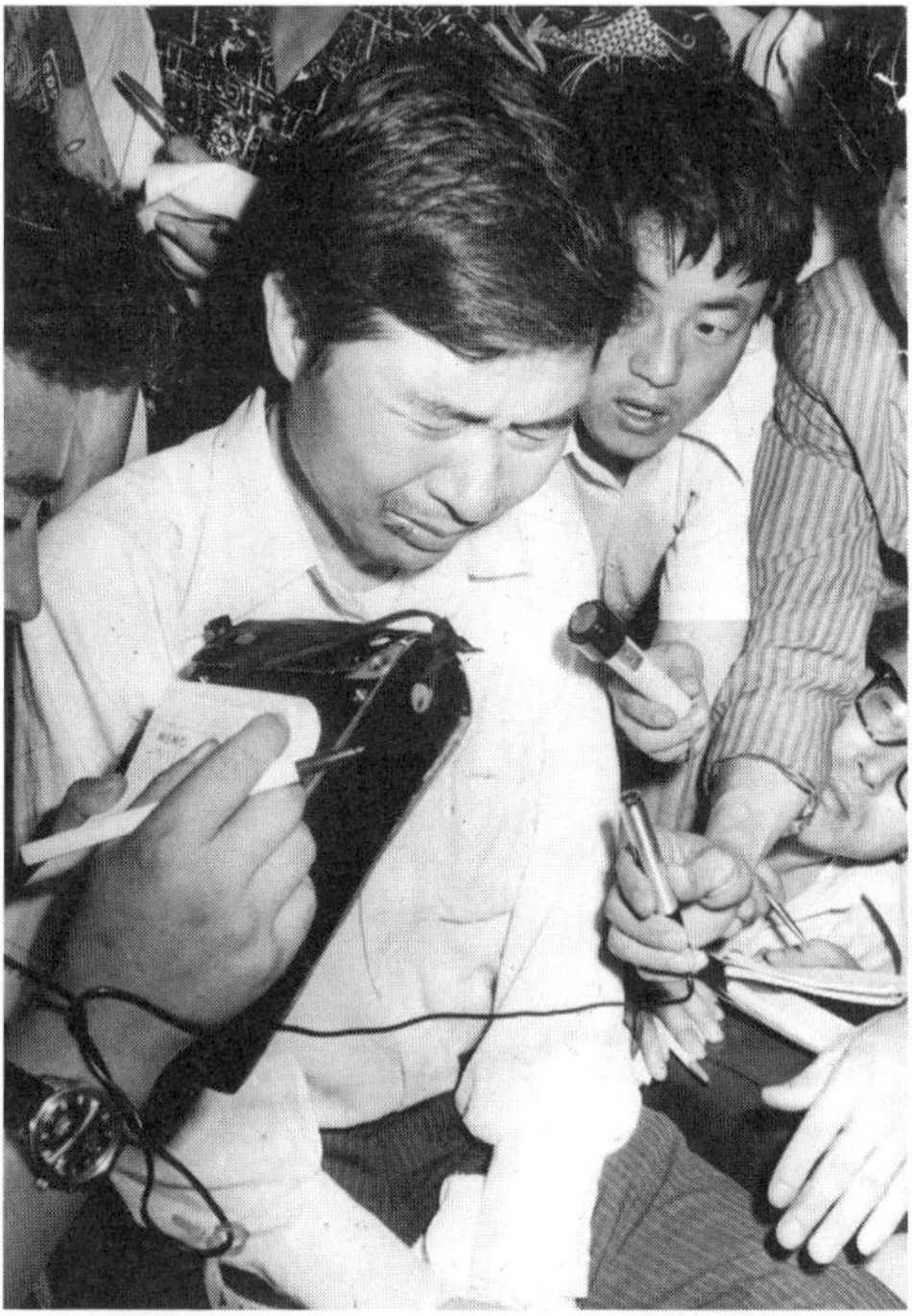

東京都内のホテルから拉致された後、ソウルの自宅近くで解放され、報道陣の質問に答える金大中氏＝1973年8月14日（東亜日報提供）

なぜこんなにミゼラブルなのか

ヴァルター・ベンヤミンは『ボードレールにおける第二帝政期のパリ』というエッセーを書いています。そこで彼は、ボードレールが陰謀を逞《たくま》しくする、そういう人々に憧れを持っていたのではないかと述べています。

『悪の華』の登場人物たちの中には反抗と焦り、怒りと憎しみ、憧れと幻滅が渦巻いています。四八年革命の争乱、そしてやがて王政の復活という形で多くの人々が殺されたり、あるいは現実のパリは混乱の中でますます貧富の格差が拡大するなかで、ボードレールは絶望的なほどの無力感を抱いていたはずです。それが、そうした憧れのバネになったのかもしれません。

非常に印象深いのは、「今必要なのは天使ではない。いま必要なのはサタンだ。天使を望むな。われわれはサタンを望む」という激烈な言葉です。この逆説的な言葉の中にフランスの惨《みじ》めな現実、王政復古に対するボードレールの怒りが荒々しく表出されています。

わたし自身も考えてみると、なぜ自分の国はこんなにも暗くてミゼラブルなんだろう、どうしてこんなにたくさんの、しかも悪いことばかりが起きるんだろう、日本に住んで隣の国に対して肯定的なイメージをなにひとつ持つことができない、そう思っていました。現在の北朝鮮とつながりのある人々で、日本に住んでいて、北朝鮮に肯定的なイメージをなにひとつ持つことができないと思うのと、同じです。どうしようもないジレンマ、焦燥感、憤りがとぐろを巻き、鬱屈していました。ボードレールのように、陰謀を逞しくする人々への憧れの気持ちが沸いてきたとしても、決して不思議ではないはずです。でも現実にやれることは、せいぜい韓国大使館にデモをかけることくらいでした。

光栄ある後衛

しかし、ボードレールの悲劇は、ある意味で幸運だったのかもしれません。もし彼が徒党を組んで前衛を気取り、陰謀を逞しくするような政治にうつつを抜かしていたとしたら、彼は多分、こうした作品を残すことはできなかったと思うのです。

ボードレールとほぼ同時代にブランキという人がいます。レーニンにつながっていく、暴力革命主義者で、少数の先鋭的な、鉄の団結によって結ばれた組織で革命を目指していました。若い人にはなじみがないかもしれませんが、七二年の、あさま山荘での連合赤軍事件を考えると、なぜあのような革命を唱えていた人々が自分の内部から自滅し、人を殺していくのかということが、わたしにとってはもう一方で、非常に強く印象に残っているのです。

ブランキとはまさしくそういう人だったのですが、当時、わたしが密かに私淑していた先輩の言葉が忘れられません。

「サンジュン、在日の学生は、前衛とはちゃうで。あくまでも主力は韓国の学生や市民、労働者や。在日は後衛なんや。それでいいんや。後衛なら、光栄ある後衛になろうやないか」

これはわたしの胸に深くつきささる言葉でした。

ボードレールは芸術の前衛にはいましたけれども、政治的には後衛でした。一九七〇年代の初めに、知識人や一部の人々が、前衛として生きてきた人々が破綻していく。これはあさま山荘から連合赤軍事件がわたしたちにそれを示していたと思います。

前衛というのは、優れた知識人が大衆を指導し、社会は変革されていかなければならないし、そういう矜持《きょうじ》をもった選ばれた人々、これがまさしく党のような組織をつくって、それによって社会を変えていこう、場合によっては暴力を使っていいという、ブランキの考え方です。

あの連合赤軍事件は前衛を気取った人々のいわば自滅的な現象でした。これはドストエフスキーの『悪霊』的世界でしょう。そういう世界が七〇年代初めにあって、わたしはそこに、どうしても入ることができなかった。

なぜだろうと考えると、やはり先輩が言ったとおり、我々は前衛ではないのです。後衛である。しかし、光栄ある後衛になろうとしていました。

のちのち丸山真男が「後衛の位置から」という文章を書いていますが、偶然かもしれません。前衛でなく後衛である。これはいまでも自分の歴史の中から汲み上げたひとつの大きな結論だといえるのです。

いまでもわたしは自分を後衛だと思っています。しかし気づいてみたらわたしの前にだれも人がいなくなって、いつの間にか前衛になっているようにみえるのですが、自分はいまでも後衛だと思っていますし、後衛であることを光栄だと思っています。それでも、まるでわたしが前衛のようにみえるのは、それくらい日本の社会が変わってしまったということなのでしょう。

もし前衛にいたら今のわたしはない

もしわたしが前衛になろうとして、前衛の末席をけがすにせよ、そういう組織に入っていたとしたならば、その後の自分はなかったと思います。

実際に、「在日」の中にはそういう人々もいたと思います。自分たちは北と南とも違う、三八度線に立つ、そして北と南をまとめるんだ、だから我々は日本にいるけども前衛たりうる、というロジックです。ある種の統一の党をつくろうと、こういう人々は確かにいました。だけどいまは無残にも引き裂かれてある人は沈黙をし、ある人はわたしの目から見ると特定の政治団体の走狗《そうく》になりはてています。

前衛が前衛たらんとして、結局はピエロに終わったとき、人々の中から転向という現象が起きるのです。その行き着く先はどこなのか。醜態をさらす人もいれば、沈黙を守りながら過ごす人もいます。

あの当時よく読んだのは高橋和巳でした。『邪宗門』『我が心は石にあらず』を読みながら前衛と政治について考えさせられたものです。

しかし、今のわたしの目から見ると、かつての前衛たちはいまどうしているのか、と考えることがあります。彼らはいまどこにいて何をしているのか。これを、ただたんに団塊世代の年金問題、第二の人生論とか、そんな話ですませていいのか。かれらはまさしく前衛としてわたしたちの人生を支配してきた。あの団塊の世代はいまどうしているのか。結局彼らは、いい悪いは別として、小市民的な安逸《あんいつ》の中に最後の自分の根城を求めていくしか方法がないのでしょうか。「あのころは若かった」で済ませていいのでしょうか。そういう点では、後衛はあまり変わらなかったと言えます。いつまでも金魚の糞のようについてきて、あれこれ思案し、もじもじ逡巡《しゅんじゅん》しながらやってきたから、わたし自身はあまり変わらなかったと思います。

青春を確認するバロメーターとして

ボードレールの『悪の華』は、今でも折に触れて読み返しています。これを読む気がしないという時は、自分の中に青春がなくなっている。少しでも青春がある限り、読んでみたいという気持ちになる。この本に手を触れたくなるかどうかは、わたしにとって青春度のバロメーターのようなものなのです。

年を取ればだんだん若いときとは違ってきますが、それでも、意外なことに中年になってから、この十代のときに読んだ本にもう一度戻りたいという気持ちになりました。自分の人生をリセットしたいという気持ちを多くの人はもっていると思います。その気持ちをもう一度かきたててくれる、そういう本だと思います。

たまに手に取り、ぱらぱらとめくって開いたページを読んでみれば、ぞっとしたり、ぎょっとしたり、あるいは、ああ美しいと思ったりするかもしれませんが、いろんな読書体験ができる本だと思います。

美しいものは美しい、醜いものは醜い。今、そういう薄っぺらな文学が溢《あふ》れかえっています。そのなかでボードレールに触れてみると、なかなか含蓄が深くて、なんだかもう一回、東京を徘徊してみるかという気持ちになる。憂鬱なパリでボードレールが何を思ったかを知るために、ぜひ傍らに置いていただきたい本です。わたしにとっては、手に取ると自分の中にはまだまだ青春の残滓があるんだなあと、確かめられる本なのです。

ソウル中心部のオフィス街のビルの谷間に、50年ぶりに復元された清渓川（チョンゲチョン）。風の通り道となり、市民の憩いの場になっている＝韓国・ソウル市

第3章

歴史は後戻りしない

——T・K生『韓国からの通信』——

命がけの記録

岩波新書の『韓国からの通信』は、朴正熙《パクチョンヒ》大統領が独裁体制を布《し》いた一九七二年から一九七四年まで、韓国社会で何が起きていたのかを、現地からの報告という形で綴ったものです。著者はT・K生。当時韓国は厳しい言論統制下にあり、こうした文書を公刊することはまさに命がけでした。そのため、名前は一切伏せられました。

この『韓国からの通信』は、岩波書店の雑誌『世界』の連載として発表されました。その成立にかかわった二人の人物がいます。

まずT・K生こと、池明観《チミョングアン》氏です。東京女子大で教鞭をとり、国際基督教大学（ICU）でも非常勤で教鞭をとられていました。わたしがICUに勤めるための推薦状を書いてくれて、わたしがこの大学に奉職するきっかけを与えてくれた人です。

もう一人は安江良介氏。岩波書店の社長を務めた人ですが、雑誌『世界』の名編集長として、美濃部都政を支えたことでも知られています。ジャーナリストの感覚を持ちつつ、編集者として、言論人として大きな役割を果たした人です。わたしはこのふたりとは面識

T·K生こと池明観氏（上）と雑誌『世界』編集長として連載を続けた安江良介氏

があり、何くれとなく目をかけていただきました。

『韓国からの通信』という題は、フランス抵抗運動の中で刊行された「深夜通信」にも比べられるものですが、当時の朴独裁政権下においてはまさに地下文書のようなものです。

これを池明観氏が安江氏に託し、安江氏は自分で原稿を書き写して印刷所に回し、元の原稿を焼却して筆跡が残らないようにしました。著者が誰なのかということを一切伏せたままで、十五年にもわたって雑誌『世界』に連載されました。T・K生の通信は、韓国で実際何が起きているのか、その事情を生々しく伝える時代の証言であり、逆に言論統制の厳しい韓国に持ち込まれ、密かに読み継がれたと言われています。

T・K生は、池明観氏自身も語っていることなのですが、ただ池明観氏ひとりというより、その時代を生きた人たちの集合名詞として考えるべきではないでしょうか。池先生をはじめとする、教会関係、学会、大学、政治家、ジャーナリストあるいは市井の労働者や市民、学生といった、いろいろな人々のネットワークが、集合名詞としてのT・K生の実態だったと思います。

日本とアジアが動いた一九七〇年代

この本は、一九七二年の十月に布かれた戒厳令と、同月に発足した維新体制についての記述から始まっています。

維新体制とは、形骸化していたとはいえ、韓国で形の上では一応存在していた議会制民主主義をがらりと変えて、統一主体国民会議なる翼賛的な組織をつくり、朴大統領の「終身独裁」を可能にしようとするものでした。

一九六一年の朴正熙を中心とする軍事クーデターは当初、「学生革命」の継承を掲げていました。この前年の一九六〇年、日米安保改定をめぐって日本国内は騒然としていましたが、韓国では約百七十名の学生が街頭デモで亡くなる、空前の犠牲者を出した四・一九学生革命が起きました。

専制を恣《ほしいまま》にした李承晩《イスンマン》政権は退陣し、やっと民主的な政権が誕生するかにみえましたが、その後も政治は混乱を極め、その収束を錦の御旗に、軍事クーデターが企てられたわけです。

民政移管を約束しながら、結局、朴正熙は自ら大統領に就任し、第三共和制が出帆することになります。その後、再選を果たした朴大統領は、今度は永久執権を目論んで先の維新体制を布くことになったのです。

朴大統領は、一九七九年、わたしがドイツに留学中に、旧友でもあったＫＣＩＡ（韓国中央情報部）部長に射殺されるという、いかにもマクベス的な最期を遂げました。最近では大統領「最期の日」の経緯についても、いろいろな本が韓国で出ています。

岩波新書の『韓国からの通信』は七四年までですが、『世界』での連載はその後も続き、岩波新書からも続編が何冊か出ています。

七〇年代の初めという時期は、ちょうどわたしの学生時代の終わりの頃と重なっていて、しかも日本とアジアが大きく変わっていく時代と重なっていました。

いまから三十年あまり前というと、もう歴史の中の出来事のようですが、この本は、わたしの読書遍歴の中でも重要な意味を持っています。この時期、どんなに未熟ではあれ、後のわたしの思想や価値の芯となる部分が形成されていったからです。『世界』の「通信」は、疾風怒濤のような時代の激変を生々しく伝えてくれる貴重なドキュメントであり、それに鼓舞されるように、わたしは学生運動の渦の中に巻き込まれていくことになりました。

韓国の当局は、T・K生とは誰なのか、しらみつぶしに探したはずです。しかし、誰なのか、最後まで突きとめることができませんでした。池氏本人が二〇〇三年、自ら明らかにするまで、わからないままでした。過酷な言論統制のもとで、最後までT・K生の素性を隠し通せたことは奇跡的な出来事でした。それは池さんと安江さん、ふたりの強い絆なしにはありえないことでした。

コリアン・エンドゲームの始まり

もうひとつ、今この本を改めてみなさんにお勧めする理由は、今のわたしたちが直面する問題とかかわっています。

わたしはよく編集者から、「先生はどうして、六者協議が途中で破綻せずに今日のような姿になることを予測できたのですか」「なぜ先生はアメリカと北朝鮮が二国間協議に入ることを予測できたのですか」と聞かれることがあります。

冒頭でも紹介したように、二〇〇三年、わたしは『日朝関係の克服』という本を書きました。この本で、ほぼ自分なりのビジョンとして、北朝鮮問題の本質はなにか、解決のためのロードマップはどうあるべきか、そのために何をしなければならないかを、大枠として提示しました。自分で言うのもなんですが、だいたいわたしの提示したアウトラインにそって事態は動いていると思います。したがって、このままいけば、遠くない将来、休戦協定が平和協定に切り替えられる可能性は十分あります。それは、名実ともに朝鮮戦争が終わるということです。

わたしの基本認識は、朝鮮戦争がいまも続いている、ということです。そして、この戦争を終わらせなければならない。終わらせるためにはどうしたらいいのか。そのためには、この地域で起きているさまざまな問題――日朝関係や、いろいろな歴史、拉致問題もふくめて――を解決する必要があります。朝鮮半島の問題は、実際には多国間にまたがる複合的な性質を有しているのですから、そのためには南北を含めて、関係当事国が話し合える多国間協議のメカニズムを作っていくことが重要です。

この六年間を振り返ると、過熱気味の「北朝鮮報道」の影響もあって、わたしの提案はほとんど顧みられることなく、徒労感だけが募るような、やるせない時もありました。だが、まだ膠着状態にあるとはいえ、六者協議は一定の合意をみ、米朝交渉も継続しています。少なくとも、有事が想定されるような、最悪のコースは避けられました。こうしたことは数年前には考えられなかったことだと思います。

ところで、なぜわたしは六者協議のような多国間協議の必要性を唱え、米朝交渉の重要性を主張するようになったのでしょうか。そのキッカケは、セリグ・ハリソンの『コリアン・エンドゲーム』という本を読んだことにあります。過去にワシントンポストの特派員を務め、金日成とも金正日とも面識のある、アメリカきっての「コリアン通」の代表作を読み、その豊富なジャーナリストとしての経験が生かされた、きわめて包括的で理路整然とした論調に舌を巻きました。

朝鮮半島とそれを取り巻く関係諸国との複雑な国際関係を読み解き、どのようにして「核危機」を解決し、朝鮮戦争を終わらせるのか。そのために、アメリカはどんな外交戦略を選択すべきなのか。その場合、日本や韓国、中国、ロシアとの関係はどうなるのか。またどうしたら、朝鮮半島を取り巻く東北アジアに地域的な安全保障のシステムを作り出すことができるのか。こうした、複雑な連立方程式を解くような、複眼的でリベラルな認識とビジョンにわたしはすっかり魅了され、『コリアン・エンドゲーム』を手がかりに、「いまそこにある危機」について発言するようになったのです。

ちなみに、記者会見の席上、六者協議のアメリカ代表、クリストファー・ヒル国務次官補の口から「コリアン・エンドゲーム」という言葉が出てきたときには、ハッとしました。ハリソンは国務省とも深い関係がありますから、ヒルが彼の本を読んでいることは十分考えられるはずです。

金大中氏の太陽政策

もうひとつわたしに影響を与えたのは、金大中氏の「三段階統一論」です。数年前、わたしが金大中氏にお会いしたとき、「私はこの統一論を数十年かかって導き出した。一年や二年の思い付きではない」とおっしゃったのが印象的でした。その骨子は、南北の国家連合、連邦制、そして統一という三つの段階に整理されます。それぞれの段階に必要な政策や合意、機構や組織、さらに移行措置など、綿密に考え抜かれたビジョンです。

とにかく六者協議のような平和的な外交による問題解決の努力は、ねばり強く続けていかなければなりませんし、事態はその方向に動きつつあります。アジア冷戦の下での鋭い対立や分断の歴史を考えると、大きな変化です。こうなるためには、やはり時間がかかりました。そしてそのために多くの人々の犠牲と献身的な努力が必要だったのです。

この点で韓国の変化は特筆すべきです。韓国映画の『シルミド』や『大統領の理髪師』などを見ればわかりますが、北朝鮮を不倶戴天の敵のように憎悪し、地上で最も「反共的」だった韓国が、民主化を通じてやがて北朝鮮に対して「宥和政策」を取るようになったことが大きかったと思います。

このように、太陽政策は、韓国内の民主化を通じた変化のたまものなのです。

韓国の太陽政策というと、日本ではあたかもヒットラーの増長を許してしまった、ミュンヘン会談での英国のチェンバレンの「宥和政策」が思い描かれる場合もあるようですが、それは全く違います。「ならず者国家」をつけ上がらせる「宥和政策」に眉をしかめる人々には、「太陽政策」は、北朝鮮に甘い、卑屈な「宥和政策」のように思えるかもしれませんが、金大中氏の「太陽政策」の意図はそうではありません。

太陽政策とは、北朝鮮の武力侵攻や軍事的圧力とは断固として戦う、そのための軍事的抑止力を準備し、その上で、ギブ・アンド・テイクでなく、ギブ・ギブを重ねることで相手方の譲歩を誘発するという、非常にリアリスティックな政策です。

金大中氏にヒントを与えたのはおそらくミハイル・ゴルバチョフだと思います。もっとも、ゴルバチョフの場合、ソ連邦の体制崩壊につながりましたけれども、ギブ・ギブ・ギブを通じて相手の譲歩を引き出し、しかし武力行使に対しては断固それを撥ね除けるだけの実力を蓄えておくという基本的な指針が重要です。

それでは、太陽政策がなぜ韓国で可能になったのでしょうか。韓国国民の、分断の歴史に対する見方と、北朝鮮に対する見方が変わったことがキッカケでした。

北朝鮮に批判的だった韓国民主化勢力

『韓国からの通信』には、七〇年代、独裁政権と闘った人々――教会関係者、学生、労働者、政治家、ジャーナリスト――が、どのようにして民主化を勝ち取っていったのか、その軌跡が生々しく綴られています。

韓国の民主化は六〇年代に始まり、七九年の朴大統領に対する「宮廷内クーデター」によっていったんは成就するかにみえました。しかし、八〇年代の終わりになってやっと形の上では民主政治が実現されるようになりました。六〇年代から八〇年代の終わりまでというと、実に二十五年近くの年月です。この激動の時代を通じて韓国社会は確実に内側から変わっていったわけです。

その変化と並行して、国民の南北分断に対する見方、北朝鮮に対する見方も変わっていきました。

池明観氏は北朝鮮から逃れてきて、春川《チュンチョン》にあるハンリム大学の日本研究所の所長も歴任しました。またクリスチャンですから、北朝鮮に対する見方はシビアです。池氏はリベラルであり、かつ「反共」です。例えば、次のような具合です。

北がドグマから、または欲望から南を眺めるのではなく、リアリティを素直に認めて暴力のない平和という民衆的念願から南を眺めることができないであろうか。北が朴正熙の暴力と虚偽に向って同じようなやり方で答えるようにみえるなら、実はわれわれの絶望はますます深まる。

つまりこの当時、韓国の民主化を達成しようとする人は決して容共でもなければ北にシンパシーを持った人でもなく、むしろ、当時の北朝鮮の体制にはかなり懐疑的で批判的だったのです。

「われわれは反共なのだ」

わたし自身も、当時、学生でしたが、北朝鮮が地上の楽園だとはとうてい信じられませんでした。先に紹介した韓国文化研究会やその全国組織である韓国学生同盟は、むしろ「反共」「反独裁」「反北朝鮮」を掲げていました。

七〇年代の初め、学生の間ではまだマルクスや毛沢東がそれなりの権威をもっていた時代でした。わたしもマルクス主義や新左翼の思想家の本を読んでいましたから、「もしかして自分は右翼団体に入ってしまったのか」と、目眩がするような感覚に襲われたことがあります。よく先輩から次のように叱咤されたものです。

「サンジュン、このカール・ポッパーの『歴史主義の貧困』と『開放社会とその敵』は、必読の文献だぞ。われわれは、「反共」なんだ。でもそれは頑迷な強権的反共とは違う。中ソや北朝鮮の「赤色独裁」を排するのと同じように、「白色独裁」にもノーというのさ。日本の新左翼の奴らは革命だの社会主義だのと、法螺《ほら》を吹いているけれど、韓国の学生も、われわれも「反共」では同じなんだ」

この話ですぐに思いつくのは、イラク戦争のときの国連査察官だったスコット・リッターの次のような発言です。イラク戦争突入の緊迫した情勢の只中、彼は東京大学駒場キャンパスで開催された戦争反対のシンポジウムで聴衆の意表を突くように話しかけました。「自分は愛国者だ、パトリオットだ、だからこの戦争に反対する。合衆国憲法に忠誠を誓うからこそ、この戦争に反対するのだ」。とても感動的なスピーチでした。

日本では、平和憲法を守るのは、愛国者だからだとはなかなか言えません。護憲を掲げる人々ほど、愛国という言葉に一瞬、とまどいを覚えると思うのです。赤尾敏氏の愛国党というのもありますし、三島由紀夫の『憂国』にしてもそうですが、「愛国」や「憂国」は右派の専売特許だというイメージが強いわけです。でも本来、右であれ左であれ、時の国家や権力に抗うという点では、どちらも共通する部分があるのではないかと思います。

「右翼小児病」と呼ばれて

韓国の民主化運動の場合、反共と愛国は自明の前提でした。韓国学生同盟は、そのような韓国の民主化を進める学生たちに触発されていたのですから、わたしもそうした前提を分かち合っていました。ただ、反共にしても、愛国にしても、どちらもわたしには決してしっくりいっていなかったのですが。それにもかかわらず、反共と愛国へのこだわりはずっとわたしの中で続いてきました。以来、一貫して北朝鮮の体制に対しては距離を置き、それに対する強い違和感がなくなることはありませんでした。いつの日か、あのレジームは変わっていかなければならないと思ってきました。

学生の頃は、左翼的なスタンスが「進歩的」という雰囲気がありましたから、韓国学生同盟などに属しているわたしたちなどは、新左翼のセクトからは「右翼小児病」的とからかわれたことがあります。

このように、七〇年代の初めの韓国やそれに連なる学生団体はというと、現在の北朝鮮ほどではないとしても、胡散《うさん》臭い、反動的で、偏狭な民族主義に毒された、箸にも棒にもかからない輩と見なされていたのです。

でも先輩たちは「われわれはそれでいい」と言っていました。その先輩からよく読むように勧められたのが、マックス・ウェーバーやカール・ポッパーです。個人的には勉強会などでマルクスの『経済学・哲学草稿』や『経済学批判要綱』、『ドイツ・イデオロギー』などを熟読していましたが、どこかしっくりといかないものを感じていました。

なぜなのか。今思うと、「全体志向」的な思考様式にざらざらとした違和感のようなものを感じたからだと思います、つまり世界をまるごとつかまえて、世界をまるごと変えられるという考え方が、どうしてもわたしにはなじめなかったのです。体質的なものもあったかもしれません。

こうして、わたしの基本的なスタンスは、この三十年間、さほどブレることはなかったと思います。またそのことが、北朝鮮問題でも、わたしのより所になっていたのです。

三十年刻みで歴史は進む

『韓国からの通信』を読めば、日韓癒着の底知れない深さとともに、それに抗《あらが》う日韓連帯の絆の強さも強く印象に残るはずです。

韓流ブームや日本のアニメが話題になる現在、三十年前の日韓の間にこんなことがあったのかと、驚きと同時に感慨深いのではないでしょうか。少なくとも、七〇年代の「鉛の時代」のような韓国の歴史を知っている者からすると、歴史は確実に前へ進むものだと、感慨深い気持ちになってしまうのです。ただ、歴史は立ち止まることはありません。今も変化は続いています。

その意味で、そうした変化の延長上に今の北朝鮮の問題が浮上していると考えるべきです。つまり、六〇年代から始まる韓国の民主化と国内の変化が、三八度線の向こう側の国との関係や日本、アメリカとの関係に変化を迫り、その積み重ねの上に南北関係や米朝関係の改善が可能になったのです。

もちろん、韓国内の変化は、それを取り巻く国際環境の変化によって大きな影響を受けました。しかし、冷戦の最前線に立たされたゴリゴリの反共国家の中から粘り強い民主化闘争が闘われ、その結果、数々の問題を抱えているとはいえ、韓国が「民主国家」に変貌を遂げたことが、朝鮮半島とそれを取り巻く北東アジア地域に脱冷戦の動きを加速させる要因になったことは間違いありません。南北交流も六者協議の進展も、そのような変化なしにはありえなかったのです。まだいろいろな問題が解決されないまま、北東アジアの冷戦は完全に終わっているわけではありませんが、三十年刻みに歴史を振り返ると、歴史は確実に前に進んでいると言えるのです。『韓国からの通信』を読むと、あらためてその意を強くします。

そんな感慨もあって、ここからは三四郎のように迷えるノンポリ学生だったわたしが一転して、政治と深く関わることになったキッカケでもある、韓国との個人的な関わりを振り返ってみたいと思います。

初めて韓国へ行った夏

わたしが一九七二年に初めて韓国に行ったことは度々、触れた通りです。

当時の日本は急激な変化の渦中にありました。六〇年代の疾風怒濤の時代が終わり、「安定」した経済大国へと移り変わろうとしていたのです。

すでに六八年に日本は西ドイツのGNPを追い越し、七〇年の大阪万博で西側世界に冠たる先進国の地位を獲得しつつありました。確かに、米中接近やニクソンショック(金とドルの兌換停止)、オイルショックなどが重なりますが、それでも日本は、そうした衝撃を吸収し、西側世界の中でも超安定的な経済大国として、アジアではダントツの経済力を誇っていました。

これに対して、韓国は、みすぼらしいアジアの遅れた低開発国で、軍事独裁の暗いイメージがつきまとっていました。とくに、日本では、北朝鮮と較べて、反共と軍事独裁のイメージが強い韓国は、一般の人々の旅行先としても敬遠されていました。そんな中で、わたしは初めて父母の祖国の土を踏んだのです。

訪ねた先はソウルに住むわたしの叔父、つまり父の弟のところでした。

叔父は戦中、日本の名門大学の法学部を出て、終戦まで熊本で憲兵をしていました。彼は、戦後、訴追を逃れるように妻子を捨てて韓国に戻り、その後また日本に帰ろうとしたのですが、朝鮮戦争が勃発してかなわず、海軍の法務参謀として従軍し、退役後は弁護士になってソウルの資産家の娘と結婚し、豊かな暮らしをしていました。もちろん、彼は、日本での過去の記憶を完全に消去していました。その叔父から「一度遊びに来ないか」と誘われて、出かけて行ったのです。

当時、韓国は野蛮で遅れた不穏な国というイメージが強く、そんな所にのこのこと出かけていくのは、よほど無粋な輩か、何か魂胆ありげな中年男だけと思われていました。案の定、福岡の空港ロビーにはそうした男たちがたむろし、わたしの耳にも時おり、卑猥な言葉のやり取りが聞こえるほどでした。その度にわたしの心は暗く沈んでいくばかりでした。

離陸してから感慨にふける余裕もないほど、短い空の旅でした。もう釜山上空だと告げられ、わたしはどぎまぎしながら眼下の光景に釘付けになりました。夏の太陽にキラキラと輝く海岸に白い波が打ち上げられ、陸地は乾いた地肌をさらけ出しているようでした。緑が少なく、貧相な家々がひしめき合って泥のような塊に見えました。

うらぶれた感じの釜山の空港を経由して、ソウルの金浦空港に着くと、そこには今まで乗ったこともない、運転手つきのベンツが迎えにきていて、度肝を抜かれました。叔父とその子どもたちが出迎えてくれたのです。

巨大なスラムのかたまりだったソウル

空港からソウル市内への道のりは、渺漠《びょうばく》とした荒れ地に様々な残骸が散乱している感じでした。汗がまとわりつくような鬱陶しい日本の夏とは違って、ソウルの夏はさらりとした陽気でした。日陰に入れば、心地よい涼を楽しめるほど「大陸的」でした。ただし、日射しは鋭く、その射るような真夏の光に照らし出されるソウル郊外の光景は、月面のように荒涼としていました。大地に穿《うが》たれた無数の引っ掻き傷がいたるところに点在し、その周りにわずかばかりの緑が申し訳なそうに顔をのぞかせていました。

わたしのソウル訪問の二週間ほど前、首都圏は、都市計画法にもとづき開発制限区域に指定され、乱開発から緑地など、自然を守る「グリーンベルト」構想が立ち上がっていました。ただ、わたしの見た郊外の光景は、開発もままならず、さりとて自然も保護されていない、雑然とした混乱の極みにあるようでした。

車窓の寒々とした景色を見るにつけ、わたしの心は暗くなりました。ソウルを東西に流れる漢江《ハンガン》の大橋にさしかかったとき、向こう岸には小さな蜂の巣の巨大な塊のような街並みが見えました。その黒ずんだ、凹凸だらけの街並みは、みすぼらしいあばら屋の集合体だったのです。まるで、かつての熊本駅裏の在日の集落を数百倍掻き集めてきたような、巨大なスラムのようでした。

叔父の家は、北を鐘路《チョンノ》、南を清渓川《チョンゲチョン》に挟まれた鐘路区《チョンノク》瑞《ソ》麟洞《リンドン》というところにありました。現在の街並みで言うと、総督府の置かれていた景福宮《キョンボククン》の光化門《カンファモン》から左手にアメリカ大使館を見ながら世《セ》宗路《ジョンノ》を下り、東亜日報の本社ビルを左に折れて数分の所です。

上を有刺鉄線で囲まれた叔父の屋敷は、周りの庶民的な民家を圧倒するように、ひときわ大きく豪奢でした。ちょうど自家用車のベンツが周りから浮き上がっていたように、屋敷は周囲のどんよりとした家々とは不釣り合いでした。

古くからソウル随一の商業地区だった鐘路区のすぐ南を流れる清渓川の川辺の一帯は、民族色の残る最も庶民的な街でした。しかし、当時は、そこには採光も通風施設もないような裁縫工場などが建ち並び、底辺労働者の悲痛な叫び声が聞こえてきそうな一角でした。廃液や汚水、泥水が混ざり合ったような溜まり水では子供たちが歓声を上げながら水遊びをしていました。またあちこちに物乞いがうろつき、路上にはストリート・チルドレンがたむろしていました。

ジョン・ダワーの『敗北を抱きしめて』の中で、上野や新橋などで戦災孤児らしい子供たちが、シケモクを拾ったり、盗みをしたり、靴磨きをしたり、自動車のフロントガラスを拭いて小銭をせびったりする敗戦直後の東京の光景が描かれていますが、まさしくそうした世相が眼の前に繰り広げられていたのです。

そのような敗戦直後と見紛うような混乱と貧困に喘《あえ》いでいたソウルでしたが、一層ソウルを暗くしたのは、夜間外出禁止令がソウルの闇を支配していたからです。それでもわたしは叔父に誘われて、一緒に父の故郷、慶尚南道馬山《キョンサンナムドマサン》市の郊外まで車を走らせることになりました。

当時は、南北赤十字会談が分断後、二十六年ぶりに実現し、緊張緩和の兆しがみられましたが、朴正煕が三選改憲を強行し、七一年の四月に金大中候補を破って三度大統領に就任していたため、対立がくすぶっていました。実際、わたしがソウルを離れた後、その年の暮れに国家非常事態宣言が発布され、ソウルは準臨戦態勢下のような物々しい雰囲気に包まれることになります。

そんなわけですから、夜陰に乗じるようにソウル市内から外に出ることは、危険が伴っていました。検問で数名の屈強の兵士に取り囲まれた時には、さすがに狼狽しました。安全装置を外したままの軽機関銃が薄明かりに鈍く光り、殺気だった空気が車内にまで伝わってくるようでした。許可証を運転手が見せても、いっこうに通してくれる気配がなく、しきりに詮索がましく尋問してきました。その時です、業を煮やした叔父が、激しい剣幕で怒鳴りつけたのは。その剣幕に圧倒されたのか、検問のゲートが開かれ、わたしたちは無事に通過することができました。「生意気な野郎どもだ。戦争の怖さもしらないで」。吐き捨てるような叔父の台詞には、棄てたはずの帝国軍人の顔がぬっと表れたようで、一瞬、わたしはたじろぎ、叔父の顔をしげしげと眺めていました。

「ここはファッショの国だ」

一九六八年に着工し、七〇年の初夏に完工した四車線の京釜《キョンブ》高速道路は、総延長425キロメートル、幅22・4メートルの大動脈で、これによってソウルと釜山は一日生活圏になりました。この大動脈の完成とともに、朴政権は農漁村の近代化と所得倍増を掲げ、「セマウル（新しい村）運動」を推し進めようとしました。それは、「勤勉・自助・協同」をスローガンに、上からの力で儒教的な家族主義や共同体意識を破壊し、民族や国家に奉仕する国民を育てようとするものでした。

しかし、現実の農村は、停滞の中に沈んでいるようでした。気力を失い、貧しさの中にまどろんでいるうらぶれた姿でした。乾ききった狭い農道や荒廃した山肌。藁葺き屋根で被っただけの粗末な民家の佇まい。どこにも、活気はないように見えました。

それでも、道行く子供たちが屈託のない表情で車に手を振ってくれます。ほとんど素足で着の身着のままの姿に鼻水を垂らした子供たちばかりでした。ソウルのストリート・チルドレンよりはどこか子供らしい明るさが残っているようでした。

余りの暑さに、ある村の四つ辻で車を止め、小さな駄菓子屋でアイスクリームを買い、日陰で涼を取っている時でした。叔父が村人のひとりと立ち話をしている間、じっとわたしの横に蝸牛《かたつむり》のように黙ったまま座っていた古老が、突然、わたしに話しかけてきたのです。「あんた日本から来たのかね。ここじゃ、みんな口が堅くて何も言えんけれど、ファッショだよ、この国は。日本人の時よりもひどい。あんたもあんまり軽率なことは言わんこった」。

たどたどしい、しかししっかりと聞き取れる日本語にわたしは思わずびっくりして仰《の》け反《ぞ》ってしまいました。しかも、「ファッショ」というカタカナ語が唐突で、場違いなように思えてなりませんでしたが、その老人が重大なことをわたしに告げようとしていることだけはハッキリとわかりました。叔父がやって来ると、老人はまるで何もなかったかのように、再び蝸牛のように口を閉ざしてしまいました。言論統制と相互監視の密告制度は、ちっぽけな村々の隅々まで目を光らせていたのです。

さらに、釜山から西へ約五〇キロのところにある鎮海《チネ》にも足を延ばしました。わたしの母の故郷です。鎮海は、旧日本海軍の鎮守府が置かれ、桜の名所でも有名な軍港都市です。開発から取り残され、まだ街全体は雑然としていましたが、海を望む風光明媚な所で、ソウルのような暗いイメージはありませんでした。様々な年齢の女性を中心に二、三十人ほどの親戚や遠戚、その友人やまた友人が集まり、「一族再会」の盛り上がりようでわたしを歓待してくれました。その明朗な笑いと屈託のない表情、率直な仕草がわたしを慰めてくれました。みんなで記念写真を撮り、お祭り騒ぎの賑わいでした。わたしのかじかんだ心も解され、わたしは母の故郷とその人情に浸っていました。

こうした出会いとソウルでの体験を通じて、わたしの中に確実に変化が生まれていきました。煩悶《はんもん》を重ねた上で、わたしは「永野鉄男」から「姜尚中」に変わることを決意したのです。そして日本に帰ったその足で韓国文化研究会の門を叩き、韓国学生同盟の一員になることにしたのです。

以上のように七〇年代初頭のわたしのささやかな葛藤と変化の体験は、この『韓国からの通信』の時代とどこかで交わっていました。だからこそ、このドキュメントはわたしにとって、単なる歴史の記録ではないのです。それはわたしの同時代史そのものの一部でした。もちろん、わたしはその疾風怒濤のような激変の僅《わず》かばかりの飛沫を浴びていたに過ぎないのですが。

南北共同声明をめぐって

韓国文化研究会に入り、わたしはそれまでの鬱憤《うっぷん》を晴らすように、部室に入りびたりになり、同じような境遇の在日の学生たちと出会うことになります。「遅い青春」がやっとやって来た感じでした。失われた青春を取り戻したい一心で、様々な会合や集会、デモ、飲み会に顔を出し、時には痛飲して前後不覚になることも稀ではありませんでした。

だが、そんなモラトリアムの甘えが吹き飛ぶような事件が起きます。何と、後に金大中氏拉致事件の最高責任者になる李厚洛《イフラク》KCIA部長が極秘裏に平壌《ピョンヤン》を訪れ、金日成総書記と面談し、やがて南北双方が、七・四南北共同声明を発表したのです。

分断以来、四半世紀ぶりに南北両政府が初めて統一原則を確認し合ったのです。不倶戴天の敵同士が握手をし、平和的・自主的統一、民族の大同団結、緊張緩和と信頼醸成を誓い合ったのですから、全く晴天の霹靂《へきれき》でした。まさしく、「朝鮮は予期せぬことが起きる驚きの地」（ドン・オーバードーファー『二つのコリア』）であることを内外に明らかにしたのです。

南北共同声明の発表は、内外に衝撃の波紋を広げました。もしかして凍てついた冷戦の半島にも雪解けが訪れ、南北間の和解と交流も深まり、異国の地で相争う「在日」にも希望の光が射し込めてくるかもしれない。否が応でも期待が膨らんでいきました。北だ、南だ、総連だ、民団だといった対立にかまけている時ではないというムードが盛り上がりをみせ、北系の学生団体と南系の学生団体の共催による記念行事の話が持ち上がることになりました。

こうしてそれぞれの代表が記者会見をし、共同声明を出す段取りまで進みました。ところが、韓国学生同盟の委員長であるK・Cの強力な介入で、共同開催はお流れになり、同盟内の盛り上がりは一挙に萎んでしまうことになります。執行部内だけでなく、学生団体のいたるところで侃々諤々《かんかんがくがく》の論争が巻き起こり、同盟の参加団体に分裂の動きすら見られるようになったのです。ここかしこで、委員長更迭を叫ぶ声すら漏れてくるほどでした。

でもどうでしょう。委員長のK・Cの懐疑的な見方が的中する事態になったのです。七二年の十月十七日午後七時、朴大統領は全国に非常戒厳令を宣布し、ラジオを通じて非常措置四項目を布告する「一〇・一七大統領特別宣言」を内外に明らかにしたのです。いわゆる維新体制が始まったのです。

大統領直接選挙制を統一主体国民会議の代議員の間接選挙に変え、緊急措置発布権や国会解散権などの権限を大統領ひとりに集中させた維新体制は、紛れもなく独裁的な永久執権の誕生を意味していました。

K・Cが我が意を得たりと唸るように話をしていたことを思い出します。

「みてみぃ、何が『祖国の平和統一を志向する憲法改正』(維新憲法)や。あのなぁ、南北の統一は、政権だけの専有物やあらへんで。統一について自由にみんなが議論できるのが民主主義やないか。国民の口を塞いで、大統領ひとりだけが勝手に決めるのは、民主主義やあらへんで。大切なのはなぁ、民主化を実現することなんや。結局、南北共同声明は、南北の国内体制を引き締めるための延命工作にすぎなかったんや。そやさかい、言論の自由と民主主義を実現せなあかんのや」

関西弁でまくし立てる委員長のK・Cには、独特の政治的なひらめきと直感が具わっていました。彼は、南北共同声明が、一場の政治劇に終わることを的確に見抜いていたのです。

事実、強権体制を固めることになったのは、南側だけではありませんでした。北でも、社会主義憲法が制定され、金日成が新設の国家主席に就任し、独裁的な個人崇拝に拍車がかかることになったのです。

決断に賭けるとき

みんなが浮き足立ち、何かに憑かれたようにひとつの流れに押し流されようとしている時、それでもその流れに抗するとすれば、そこには単なるオピニオンや情勢判断だけにとどまらない、「決断」のようなものが必要なはずです。しかも、事態がどちらに転ぶのか、皆目見当がつきかねるとすれば、やはり何かに賭けてみるしか方法はないのではないでしょうか。もちろん、その「決断」は場当たり的なものであっていいわけはありません。そこには、強靱な認識としなやかな感性が必要です。

学生のK・Cには、そうした資質が直感力として具わっていたと言えます。もっとも、彼は持ち前の洞察力によって、南北共同声明の背景を見抜いていました。ニクソン米大統領の電撃的な訪中による米中接近で、東アジア冷戦の構図は大きく変わろうとしていました。とくに、ニクソン米大統領による在韓米地上軍の削減計画は、朴政権の基盤を揺り動かすことになり、反共の砦を自任していた韓国も、東アジアのデタントという新しい戦略的な環境に身構える必要がありました。しかも、すでに国内では民主化運動の高揚は大きなうねりとなり、政権を脅かしつつありました。

事情は北朝鮮も同じだったと思われます。朝鮮戦争以来の宿敵アメリカが、「血で結ばれた戦闘的友誼」関係にある中国と手を結んだのですから、平壌にとっては驚愕すべき変化だったはずです。北朝鮮の政権もまた、新たな環境に備える必要があったのです。

決定的な瞬間に働く「政治的な直感」とでもいえる閃きは、決して単なる思いつきやカンではありません。それは、状況への強いコミットメントともに、状況をいったんは突き放し、それをより広い文脈の中に位置づけ直し、その意味を読み取る、そうした複眼的な思考がなければ不可能です。

そのような思考の片鱗を、わたしはここに紹介したような七〇年代初頭の歴史の曲折を通じて学ぶことができたような気がします。この時、K・Cの判断が曇り、そのまま時勢に流されていたとしたら、自分たちの与《あずか》り知らない政治的な思惑の渦に巻き込まれ、場合によっては使い捨てにされていたかもしれません。そうなれば、わたしも方向感覚を失い、状況に飲み込まれてしまい、深い傷を負ったかもしれません。

こじつけに聞こえるかもしれませんが、イラクや北朝鮮の問題について発言する時、わたしの念頭にあったのは、こうした七〇年初頭のささやかな、しかしわたしにとっては貴重な体験でした。その意味で、『韓国からの通信』は、わたしを鍛え上げるドキュメントだったと言えます。

永久革命としての民主化

一九六〇年の学生革命からほぼ四半世紀、韓国では文民政権が誕生し、軍部独裁に戻ることは二度とありえなくなりました。マックス・ウェーバーの『ロシア革命論』の中の一節を使えば、「手品師よ、お前は二度と息を吹き返すことはないだろう」ということになります。

韓国の民主化の歴史とその意味を、わたしはウェーバーの『ロシア革命論』から教えられたような気がします。ウェーバーは、血の日曜日から始まり、ボルシェビキ革命に終わる一連のロシア革命のドラマを観察し、いくつかの時事的な論文を矢継ぎ早に発表しました。それらをまとめたのが、『ロシア革命論』です。

その中でとくにわたしにとって印象深いのは、民主化と経済的な発展との間には必然的な関係があるというわけではないということです。資本主義化と官僚制支配が進んだ西欧や米国では、自由や人権、民主主義は「食べ飽きた黒パン」のように陳腐化しているけれど、民主主義は経済的な成熟の関数ではないと言うのです。その意味で、ロシアでの自由と人権、民主主義を求める人々の戦いは、季節外れの現象ではなく、むしろ鋼鉄の檻のような資本主義と官僚制の枠組みに従順に従う「羊の群れ」に対して巨大な意味を投げかけることになるかもしれないとウェーバーは考えていました。

『韓国からの通信』を読めば、その二十数年に及ぶ民主化の歴史は、民主主義を知らない未熟な社会が、数周遅れで日本に近づきつつあるという印象をもつかもしれませんが、ウェーバーの『ロシア革命論』に倣って言えば、それは永久革命としての民主化のひとつのプロセスであり、それが北朝鮮を含めて朝鮮半島全体にまで及んだ時、それは北東アジアの冷戦構造を打ち破り、この地域に新たな秩序の創造を促すモメンタムになるかもしれません。

ソウルの変貌

『韓国からの通信』は、さしあたり、一九七四年六月で終わっています。あれから、三十年余り、韓国は、ソウルは大きく変わりました。その変貌ぶりは驚くばかりです。

とりわけ、あの「涙の茅屋《ぼうおく》」（スウェットショップ）が犇《ひし》めいていた清渓川の川辺は、面目を一新しました。

そもそも清渓川は、朝鮮王朝の時代から糞尿や生活排水で汚染され、その名にふさわしい清流ではありませんでした。それでも、「その橋は、「踏橋」や凧揚げの行事には人々の往来でにぎわい、女たちの洗濯場や子供たちの遊び場でもあり、都の住民にとってなくてはならない生活河川」（朴泰遠『川辺の風景』、牧瀬暁子訳）でした。清渓川の川辺が、都市の細民や離農者たちの生活の場になっていたことは、昔も今も変わりありませんでした。

ただ、昔と違うのは、朝鮮戦争の避難民や離農者たちの流入で汚濁が進んだため、五〇年代から覆蓋工事が始まり、一九七七年には全面覆蓋されて、清渓川路という自動車道路に変わり、その上に高架道路まで走ることになったことです。一九七七年といえば、朴政権下の第一次国土総合開発十カ年計画が功を奏し、韓国の輸出額が百億ドルを達成した年です。清渓川の変貌は、そのような開発独裁による高度成長と無縁ではありませんでした。地を這うような底辺労働者の困窮と、その頭上を走る高速道路。その際だったコントラストは、首都ソウルを象徴する風景だったのです。

しかし、二〇〇五年、暗渠となっていた川は、ソウル特別市による復元工事で見事に甦り、その名にふさわしい清流の流れる憩いの川辺に変わりました。復元工事に伴い、いろいろな抗議活動もありましたが、今ではほとんどの市民が川辺の光景を満喫し、春や夏の夕暮れ時には三々五々、恋人や夫婦、子供連れや老人たちが思い思いに散策する憩いのスポットになっているのです。川面を流れる清々しい風に当たりながら、ネオンの瞬くビル街を眺めていると、血と汗、涙の染み込んだような清渓川周辺の光景は、もはや遠い過去の世界のように思えてきます。まだ「永野鉄男」でしかなかったわたしが、その悲惨な生活の姿に戦《おのの》いた川辺の景色はもはやどこにもありません。その意味で『韓国からの通信』は、清渓川の変貌とともに、韓国現代史のひとつのモニュメントとして読み継がれていくでしょう。

日の丸を振る市民の歓呼の声に送られて、出発の行進をする部隊＝1937年3月、大阪市内本町1丁目

第4章

すれっからしはブレない

――丸山真男『日本の思想』――

唯一の「入門書」

丸山真男は、戦後日本のリベラルを代表する知識人です。早くから東大法学部で日本政治思想史を教える一方で、専門論文以外にも、新聞や総合月刊誌などの活字メディアで活発に発言してきたことでも知られています。二〇〇六年が没後十年で、さまざまな特集が組まれ、丸山の業績や人となりについての書籍の出版も相次いで話題になったので、みなさんも名前だけはご存じでしょう。

でも意外なことに、丸山には、この一冊を読めばその仕事の全体像がわかるといった手頃な教科書的な著作がありません。この『日本の思想』も書き下ろしではなく、学会誌や論壇誌で発表した論文や講演録を集めて一冊にまとめたものです。タイトルは、この本の最初に収録した論文の題からとっています。

それにしても、戦後最大の知識人と言われながら一冊も入門書を書いていないというのは、彼ほどの「巨人」にしては意外だと思いませんか。逆に言えば、名前は知っているし、雑誌などで彼の文章を目にしたことはあるけれども、本格的な著書をまとまった形で読んだという人はそんなに多くはないと思います。

そうしたなかで、この『日本の思想』は、新書判で入手しやすいこともあり、丸山真男を知るための格好の入門編と言えます。

『日本の思想』の書かれた時代

この本が書かれたのはどんな時代だったでしょうか。

あとがきの日付は一九六一年ですが、内容はすべて一九五九年までに発表されたものです。つまり、一九六〇年の安保闘争より前ということになります。

五十年近くも昔の文章が、今もわたしたちの間でこうして読まれているのは、思えば大変なことです。今わたしの手許にある岩波新書の『日本の思想』は二〇〇七年に買ったものですが、奥付を見ると八五も版を重ねています。

読み返してみても、わたしが大学時代、初めてこの本にふれたときと印象は変わりません。どこかとっつきにくくて、初めて読むと、はじき返されるような違和感を抱くかもしれませんね。どうしてでしょうか。それは、アカデミックだけど、取りあげている事例が

『日本の思想』所収の論文を発表していたころの丸山真男氏＝1959年7月22日

生々しくてジャーナリストの書いた文章のようでもある、その独特の両義性にあるのではないでしょうか。ジャーナリスティックだけど学術的、学術的なのにジャーナリスティック。これが本書の魅力にもなっているのではないでしょうか。

さらに本書には敗戦、戦争の体験が色濃く残影をとどめています。一九五〇年代の日本の時代史的な背景を知らないと、よく理解できない箇所もあります。

その頃、日本は高度成長期への助走を始め、やがて六四年にはオリンピックを開催するほどの復興ぶりを誇ることになります。経済白書が「もはや戦後ではない」と謳《うた》った一九五六年、わたしの家族も、熊本駅裏の「在日」の集落を出て市内に小さな店を構え、やがて少しずつ商売が繁盛していった記憶があります。

自分のスタンスを持つ

わたし自身にとって、この本は、「世界に開かれた窓」でした。

熊本からぽっと出のわたしが、初めて新書というものを手にし、ページをめくると、その向こうにはまだ自分の知らない、見たこともない世界が広がっているように感じられました。それは自分を発見する旅への誘《いざな》いでもありました。わたしはこの本を通じて、自分と出会ったともいえるのです。

それはどういうことかと言えば、わたしはこの本を通じて、すべての事柄に「距離をおく」、つまり自分の「スタンスを持つ」ことを学んだのです。

自分はどの座標にいるのか

『日本の思想』の第一部にあたる「日本の思想」では、日本という国の社会に生きている人が、自己像を持つためにどんな座標軸が必要なのか、歴史をひもときながら懇切丁寧に論じています。

社会のさまざまな事象を、わたしたちはどうすれば客観的に見ることができるのでしょうか。

世の中で意見が割れている問題について、どの解決策が妥当なのかは、今を生きているわたしたちにはなかなかわからないことがあります。たとえば、年金制度をどうするのか。消費税率は何パーセントにしたらいいのか。憲法は改正したほうがいいのか、そのままがいいのか。中央と地方の格差はどうしたらいいのか、等々。多事争論的なテーマがあるわけですが、わたしたちはどんな座標軸によって良し悪しを判断できるのでしょうか。しかも、事態は時々刻々と動いているのです。自分が変わらないつもりでも、社会のほうがいつのまにか動いていて、それに気付かない場合もあります。

そんなときは「星座」（布置連関）をつくってみればいいということでしょう。それはイデオロギーというものをどう位置づけるかという問題にもなります。

もし今、だれかに向かって「お前はイデオロギー的だ」と言ったとすると、明らかに批判的な意味合いがありますね。でも批判する側のほうが、もっとイデオロギー的なことだってあります。なにがより正しい真理なのか、より社会的に望ましいことなのかを一義的に決めるのは容易ではありません。

座標軸の取り方によってイデオロギーや思想の位置も違ってきます。わたしたちの生きる社会の中のさまざまな思想の評価も、右か左か、護憲か改憲か、大きな政府か小さな政府か、中央か地方か、あるいはネオリベか伝統や共同体を重んじる共同体主義かで、いろいろと変わってきます。

丸山は、思想史は思想ではない、という立場でした。思想史を語る以上は、自分が特定の価値判断をもとにこれが正しい、オレについてこい、では駄目です。歴史軸にそって、どんな人や集団がどんな思想を持って運動したか、その位置関係を測り、その意義を理解するためには、自分と対象との間の距離がなければなりません。そして自分がどこに位置しているのかを自覚するためには、自分に対しても距離感を持たなければなりません。

戦争反対、あるいは造反有理というように、自分が絶対に正しいと思う大義を掲げて、セクトをつくって結集することに学生がエネルギーを費やした時代がありました。あるいは今ならナショナリズムでもいいですが、様々な思想や運動が、ある時代、人々を強く突き動かして、そこに知的な星座ができあがるわけですね。それをいくつかの座標軸を設定して位置づけ、それが歴史的にどう変わってきたのか、その意味や機能の変化を明らかにするのが、思想史の方法ということになります。

大学では非主流だった政治思想史

わたしはこの本と初めて出会った大学生の頃、「政治思想史なんて、政治学の中の考古学だ」と半ば軽蔑していました。政治は絶えず動く、生き馬の目を抜くような世界です。

政局が動き出すと、政界は火事場騒ぎのようになり、時々刻々と予想外の展開を示すことがあります。政治はまさしく「生《なま》もの」です。だからこそ、人をわくわくさせるような醍醐味があります。権力闘争が見ていて面白いのは、そのせいでしょう。

それに対して政治思想史が扱うのは何十年、何百年も前のことです。この『日本の思想』にも、小難しい専門用語がたくさん出てきます。国體《こくたい》とか、憲法制定権力とか。日常ではなかなかお目にかかれない言葉ばかりです。政治プラス思想史ですから、読んでいる方もなかなか日常の実感から遊離してしまう感じは否めないと思います。

自己紹介をするのでも、「専門は政治学です」となると、それなりに聞こえはいいわけです。経済学より、ちょっとひいちゃいますが、選挙とか政局とか政治の分析をやるのだろうなと、だいたい見当がつきます。でも「政治思想史をやっています」と言うと、相手も一瞬絶句して、どう反応したらいいか困ってしまうようなところがあります。おそらく俗世とは関係ないことばかりやっていると見られるのが通り相場ではないでしょうか。

ましてや、丸山のいた東大法学部では実定法学が支配的です。会社法や民法や刑法といった六法全書に出ているような実定法の解釈、運用を考えるのが法学部における、今も変わらぬ学問の主流です。これに対して政治学は傍流です。

そもそも帝国大学というのは、エンジニアリングから始まっています。官僚養成のためのゼネラリスト教育として法学が始まります。官僚のための学問ですから当然実定法が中心で、政治学はあくまでも傍流でした。そのため、政治史思想史は、傍流の傍流、全く周辺的な学問と見なされていました。今もますますその傾向があります。

後光を放つ丸山真男と「教祖」吉本隆明

わたしも学生の頃は、政治思想史の先生は余程暇な人ではないかなどと高を括《くく》っていました。第一章の『三四郎』の野々宮君のように穴倉のような研究室にこもって、ごそごそと光の屈折かなんかの実験をやっているような、世離れして地下に潜っているというイメージでした。

若い時には、温かい血のなせる業なのか、どうしても、光あるものを求めようとします。当時は「学園紛争」は下火になりつつありましたが、まだ余韻がくすぶっていて、どちらかといえば、日々刻々と変わっていく「生もの」の政治の方に引きつけられていたのです。

そんなわたしが丸山真男のこの本を手に取ったのは全くの偶然でした。

慶応大学に進んだ高校時代の友人とある日、久しぶりに再会したのですが、彼は慶応ボーイが板について、丸山真男と、丸山を批判した吉本隆明の『共同幻想論』について得意げに講釈をたれ、わたしに向かって東京弁で「キミキミ」などと言うものですから、あっけにとられてしまったのですが、よりショックだったのは、彼の話の中身がまるきり理解できなかったことでした。

そもそも思想的に「奥手」だったわたしには、新左翼の教祖と崇《あが》められていた吉本の著作も、また批判されている丸山真男の著作も、ひとつとして本格的に読んだものがなかったのです。

わからない悔しさもあったのか、わたしは吉本の著作や丸山の『現代政治の思想と行動』などを貪《むさぼ》るように読むようになったのです。

吉本隆明と丸山真男の間に建設的な論争がなかったことは、かえすがえすも残念です。

イラク戦争で思い知った思想史のすごさ

わたしが、そんな政治思想史に惹かれたのは、まさに歴史の奇縁だと思うことがあります。

わたしの恩師は政治思想史の藤原保信先生ですが、最初お会いした時は、世離れした学者のように見えました。一九七三年、わたしが大学院に進学しながらも、金大中氏拉致事件などでもっぱら韓国学生同盟の活動に入れあげていた頃、はじめて先生の謦咳《けいがい》に接する機会がありました。専門は十七世紀の英国の政治哲学者トマス・ホッブズの研究と聞き、何かとても遠い存在のように思えてなりませんでした。

ホッブズといえば、みなさんも社会科の授業などで、『リバイアサン』や社会契約説について習い、ホッブズ、ロック、ルソーの三人の名前くらいは聞いたことがあるでしょう。そのホッブズの研究です。十七世紀のホッブスと聞いて、そんな古い政治哲学者を二十世紀の今の大学の政治学でやるのか、と驚きでした。しかも、ラテン語の文献も解読するのですから、古色蒼然とした文献学のように思えたのです。『物体論』から『市民論』、さらに『リバイアサン』まで、ホッブスの政治哲学とその思想の体系を整然と再現するところに藤原先生の研究目的があるというのです。まるで神学校ではないかとさえ思ったほどです。

すべての近代政治学の概念は、神学概念の世俗化であると喝破したのはカール・シュミットですが、その頃は、そんな深遠な洞察などわたしには皆目わかりませんでした。

藤原先生はシカゴ大学に留学していたことがあります。そのとき師事した先生はレオ＝シュトラウスという人です。ユダヤ系アメリカ人ですが、実は今のわたしたちにとって大変重要な、この人抜きには語ることのできないテーマがあります。新保守主義、ネオコンです。レオ＝シュトラウスはある意味でネオコンの元祖と言えるかもしれません。

ちなみにシカゴ大というのは、なかなか面白い大学です。ミルトン・フリードマンといった、いまの改革路線を理論づけたような経済学者たちを輩出し、他方ではシカゴ学派に代表されるアメリカ社会学の研究拠点でもありました。

また、ユダヤ系の著名な学者が多いのもシカゴ大の特徴です。政治哲学者でホッブズ研究の世界的な権威であるレオ＝シュトラウスもそうでした。わたしの恩師はこの人のもとで勉強し、やがてシュトラウス批判という形でホッブズ研究を始めたわけです。

歴史に逆襲される

わたしが思想史の恐ろしさをまざまざと思い知ったのは、イラク戦争開戦時のことでした。わたしはテレビの深夜の討論番組に出演することになり、そのとき、司会の田原総一朗さんがロバート・ケーガンの「力と弱さ」という題の論文（日本では『ネオコンの論理』）を取り上げたのです。ケーガンは、ネオコンの総本山とも言える「アメリカ新世紀プロジェクト」の創設者のひとりです。

ケーガンは、ブッシュ政権を支える理論的なブレーンのひとりで、ヨーロッパ向けに発表された「力と弱さ」の中で、彼は、冷戦崩壊以後の世界が、ヨーロッパが夢想するような、歴史の終わりの楽園ではなく、国際法や国際法規が通用しない、ホッブス的な闘争状態であり、平和と自由な秩序の維持には、ますます軍事力の行使が必要であり、アメリカは唯一の超大国としてその責任を果たすことになると述べています。要するに、ヨーロッパはカント的な世界平和の幻想の中にまどろんでいるが、アメリカはホッブス的な世界にとどまり、力による平和の維持を引き受けることになると宣言しているのです。

ケーガンが、ホッブスを、そしてカントを、どこまで正確に理解しているか、はなはだ疑問です。牽強付会な解釈が目につきますが、それでもホッブスがネオコンの理論的支柱として引証されている事実は何を物語っているのでしょうか。そこには、明らかにシュトラウスの影がちらついています。

またイラク戦争でアメリカ軍がとった作戦の名は「衝撃と恐怖」でした。ここにもホッブズの影が垣間見える気がします。人間の情念は、まず死の恐怖から万人の万人に対する闘争へと発展し、やがてそれを克服していく、そんな筋書きが見えてきそうです。ホッブズが生きた十七世紀は、ヨーロッパで内戦が繰り返された陰惨な時代でした。冷戦以後の世界を、世界大の内戦の時代と見れば、この作戦名は意味深長です。

イラクへの制裁として軍事侵攻を主張したアメリカに対し、当時フランス外相だったド・ビルパンは国連総会で反対の論陣を張りました。ヨーロッパはアフガン戦争を支援しましたが、イラク戦争には反対でした。一時期、フランスとアメリカ、ヨーロッパとアメリカの対立のような様相を呈しました。ハンナ・アーレントの『革命について』ではありませんが、近代において「革命」を指導し、民主主義の理念を打ち立てたふたつの「自由の女神」の国が、冷戦以後の世界秩序のあり方をめぐって真っ向から対立している様子が印象的でした。

そしてケーガンは、アメリカはホッブズの世界に生きている、力をあえて引き受けるのがアメリカの使命だ、だがヨーロッパはカント的な平和の世界にまどろみ、理想主義の幻影にとどまっていると厳しく批判するわけですね。これはずいぶん話題になりました。ケーガンはネオコンの重要なイデオローグですが、この論文を通じて彼はこの戦争を、実際に起きた戦闘や作戦行動やパワーポリティクスでなく、もっと文明史的、思想史的に位置づけていく作業をやろうとしたのでしょう。

それにしても、藤原先生の研究テーマであったホッブズが、三十年後、「イラク戦争とネオコン」という形で戦争と国際政治の生々しいテーマとなって浮上してくることになるとは、夢にも思いませんでした。政治思想史的なテーマが、最もアクチュアルな問題と切り結ぶ醍醐味を感じました。その意味で、まるで歴史に逆襲されているような感じでした。

知的すれっからしだった丸山真男

ところで、漱石の『三四郎』と重なるようなわたしの生い立ちからすると、この本の著者、丸山真男は、随分と都会っぽく見えてしまいます。「ふるさとを持たないインテリ」を自任していた「大正ッ子」の丸山は、早くから東京の山の手のような中産階級然とした環境の中で育ちながら、他方では下町の猥雑さが残る環境にも馴染み、ハイカラな秀才とは違った一面をもっていました。そして何よりも彼は、知的にませた環境にありました。政論記者として著名な丸山幹治を父に持ち、その関係で長谷川如是閑といった、きら星のようなジャーナリストや知識人、天皇重臣リベラルなどが出入りする環境にあり、自《おの》ずから当時の日本の政治や社会の生々しい現実や思想の断片に触れる機会が多かったようです。

この意味で、丸山少年は、「知的すれっからし」の「都会っ子」だったことになります。漱石の生い立ちと少々似たところがあるかもしれませんね。わたしは、丸山も漱石も「すれっからし」であったことが重要だと思います。なぜなら、ふたりはきわめて自意識が強く、同時に何事にもすぐに「惑溺」しない相対主義的な見方を身につけていたと思われるからです。

確かに漱石があるところで、「Self-consciousnessの結果は、神経衰弱を生ず」と述べているように、自意識の過剰は、本人を苦しめることがあります。漱石も丸山も、一方では帝大の教師にありながら、他方ではその知的権威に眉をしかめるような、自意識過剰の二面性がありました。しかし、彼らの場合、その強い自意識と「都会っ子」のませた性格からか、ドグマやイデオロギーに没入し、理想やイズムに身を焦がすような憧れをもつといったことがなかったように思います。少なくともそうしたものに「惑溺」し、我を忘れてしまうようなことはなかったのではないでしょうか。

これに反してわたしのような「田舎者」の場合はどうでしょうか。もちろん、一概に言えないのですが、それでもどちらかというと、ひとつのイズムやイデオロギーに入れあげ、極端から極端に走ってしまう場合が多いのではないでしょうか。そこに思想的な潔癖さと一途な情念を読み取ることができますが、しかし他方では、こうあらねばならぬと思い込んで、どこか無理をしてしまい、自分に不実な面があるように思えてなりません。この点は『三四郎』の中の次のような場面によく表れています。

三四郎は四人の乞食に対する批評を聞いて、自分が今日《こんにち》まで養成した徳義上の観念を幾分か傷《きず》つけられるような気がした。けれども自分が乞食の前を通るとき、一銭も投げてやる料簡《りょうけん》が起らなかったのみならず、実をいえば、寧ろ不愉快な感じが募った事実を反省して見ると、自分よりもこれら四人の方がかえって己《おの》れに誠《まこと》であると思い付いた。また彼らは己に誠であり得るほどな広い天地の下に呼吸する都会人種であるという事を悟った。

「己に誠であり得るほど広い天地の下に呼吸する都会人種」。これがわたしが抱く丸山のイメージです。つまり、極端なものに走ってしまいかねない、わたしのような「田舎者」とは違って、丸山の場合、方法的懐疑にもとづく対象との距離感覚が保たれているのです。そしてまさしく、そのような距離感覚のゆえに、「自己内対話」が可能となり、「己れに誠」であるような知的モラルが堅持されています。

学生の頃、わたしの周辺には、右か左か、白か黒か、体制か反体制か、資本主義か社会主義か、アメリカかソビエトか、北か南かというような、どちらか一方に態度決定を迫るような言説が溢れていました。そんな空気の中で『日本の思想』を読み、新鮮な印象を受けたのです。

葛藤の末に

丸山真男の思想についてよく、ありもしない「近代」のイデーを措定し、その高みから現実の日本の姿を批判する「近代主義者」だという非難があります。日本には、西欧近代と較べて、あれがない、これがないと、自虐的に詮索し、挙げ句の果てに日本の「独自性」まで否定してしまう、「進歩的知識人」の典型だというわけです。

果たしてそうでしょうか。こうした批判は全くの的外れです。というのは、丸山は、その生い立ちからして、日本の「独自性」の伝統に根を生やしていたからです。この点は、例えば、父・丸山幹治が一時期身を置いていた新聞『日本』の主筆でもあった陸羯南《くがかつなん》への並々ならぬ私淑ぶりをみても明らかです。また少年期の丸山家には、先にもちょっと触れたように、天皇重臣リベラルのような人々が出入りしていましたし、母の異父兄であった政教社社主の井上亀六などが顔をだしていたのですから、丸山がただハイカラなだけの西欧思想にかぶれていたなどとは到底考えられません。

また「昭和天皇をめぐるきれぎれの回想」にも語られているように、昭和天皇に対して

東大助教授のころの丸山氏＝1942年

個人的にも畏敬の念を抱いていたのですから、丸山が単なる「近代主義者」であったわけはありません。少なくとも、彼が単なる急進的な近代主義者ではないことは、戦前の「国體」の呪縛から脱却するために、激しい内面の葛藤を経なければならなかったことを見ても明らかです。

この『日本の思想』のタイトルの元になっている「I日本の思想」でも、丸山は、あえて正字体（旧漢字）を使って「国體」と記していますが、その神話的な観念など、ほとんどまともな知識人なら誰も心から心酔していたわけではない言葉が猛威をふるった時代の空気を伝えたかったからだと思います。同時にそれは、その空気を吸っていた自分自身への悔恨にも似た思いがあったからではないでしょうか。

実際、広島市宇品《うじな》の陸軍船舶司令部の参謀部情報班で一等兵として終戦を迎えた丸山は、将校から天皇はどうなるのかと問われて、君主制と民主制は両立しますと答えており、敗戦の時も、「国體」の存続を疑っていなかったと思われます。

このように見ると、丸山が戦前から筋金入りの急進的リベラルであったとか、革新的な近代主義者であったとみなすことは明らかに誤りです。むしろ、自らもその一部を血肉化していた「国體」の呪縛力から身をもぎ離し、その天蓋を突き抜けて、「あらゆる時代の観念や思想に否応なく相互連関性を与え、すべての思想的立場がそれとの関係で——否定を通じてでも——自己を歴史的に位置づけるような中核あるいは座標軸に当る思想的伝統」を「日本の思想」の中にしっかりと形成すること、このことが「I日本の思想」の、そして本書全体のライトモチーフとなっているのです。

要するに、丸山が目指したことは、「思想と思想との間に本当の対話なり対決が行われないような『伝統』の変革」であり、それを通じた「思想の伝統化」だったのです。この意味で、丸山は、日本政治思想史の研究を通じて、あれやこれやの思想やイデオロギーの正否を論じようとしたのではなく、それらを体系的に位置づけ、その意義を明らかにし、思想と思想、イデオロギーとイデオロギーとの間の「原理的な」対話や対決が行われるような座標軸を作り出す作業をやろうとしたと言えます。

思想的雑居を超えて

本書の冒頭に置かれている「I日本の思想」は、最もまとまった論文で、この本を知る上で最も重要な章です。

ここで重要なことは、「国體」という、摩訶《まか》不思議な「機軸」が、権力体としてだけでなく、「精神的機軸」として国民の内面世界に深く浸透する絶大な威力を発揮しながらも、結局それが何であるのか、指導者もイデオローグも、さらには天皇ですらも、ポジティブに明らかにできなかったということです。それは、異端を排除する「否定的な同質化」作用の面では強力な働きをしながら、その積極的な規定になると、「茫洋《ぼうよう》とした厚い雲層に幾重にもつつまれ」、その核心は雲散していったのです。

結局、その滑稽なほどの曖昧さは、「国體」が日本の伝来の「思想的雑居性」をその実体的な支柱としたことにあります。その結果、「国體」は、先に述べたような思想的な座標軸にはなりえず、日本の思想やイデオロギーを整序する原理とはならなかったのです。したがって、敗戦によって「国體」の権威が地に墜《お》ちると、まるで一挙に泡がはじけるように、「国體」は霧消し、跡形なく消えてなくなることになりました。

もちろん、天皇制は象徴天皇制として存続するようになったわけですが、戦前の「国體」のような呪縛力はなくなり、そこから再び、「国體」の中に封じ込められていた思想的雑居性の伝統は、ある意味で、民主主義という新しい「国體」へとその居場所を変えることになったと言えないこともありません。

したがって問題は、「自由な認識主体」「倫理的な責任主体」「秩序形成の主体」という意味での「人格的主体」の上に、思想的雑居性を超えた座標軸を形成できるのかどうか、そのことにかかっていることになります。そうでなければ、民主主義もまた、そうした機軸によって支えられるものではなくなり、再び、その形骸化の運命を免れられないからです。「大日本帝国の『実在』よりも、戦後民主主義の『虚妄』に賭ける」と、戦後民主主義への「決断」を語った丸山の中には、そうした痛切な問題意識があったはずです。

奇妙な全体主義

ところで、一口にファシズムや全体主義と言っても、日本とイタリア、ドイツとはかなり異なっています。何よりも、イタリアやドイツの場合、ファシスタ党やナチ党のように、旧体制の刷新を叫ぶ政党が、没落した中産階級やアウトローたちを糾合《きゅうごう》し、大衆運動やデマゴギーなどを通じて合法的にヘゲモニーを掌握し、体制変換に成功したとすれば、日本の場合、「国體」が途切れることなく続き、しかも軍隊にしろ、官僚にしろ、最高のエリート集団でした。

つまり、ゴロツキのようなあぶれ者や転向左翼、没落した小ブルジョア的な運動家たちが担い手となって社会を覆したイタリア、ドイツとは違って、帝国の歴《れっ》とした超エリートコースを歩んだ指導者たちが戦争遂行の責任者だったわけです。ここに、なぜ日本があの無謀な戦争への道を歩んだのか、その原因を突き詰めていく場合の、ドイツやイタリア以上に深刻な問題が伏在しています。二等兵として召集された旧帝国大学助教授の丸山にとって、この問題は切実だったはずです。

この問題は、本質的には、先に述べたような「国體」とその実体をなしていた思想的雑居性の問題とかかわっています。なぜなら、戦中の日本の全体主義は、それらの座標軸の欠如に対応して、「権力的統合の面ではむしろ『抱擁主義』的で（翼賛体制の過程や経済統合を見よ）、はなはだ非能率で」したが、「イデオロギー的同質化」の面では、「ヒットラーを羨望させるだけの『素地』を具えていた」からです。この点で、日本の全体主義は、「前近代」と「超近代」の見事な吻合《ふんごう》ということになります。

このような奇妙な全体主義は、日本の国家の形成が、「制度の物神化」と「自然状態」（実感）の対立的な共存のダイナミズムによって駆動されていました。「超近代」と「前近代」の吻合とは、このことを指しています。

> 日本の近代国家の発展のダイナミズムは、一方中央を起動とする近代化（合理的官僚化が本来の官僚制だけでなく、経営体その他の機能集団の組織原理になって行く傾向）が地方と下層に波及・下降して行くプロセスと、他方、右のような「むら」あるいは「郷党社会」をモデルとする人間関係と制裁様式——飴と鞭（ビスマルク）ではなく、「涙の折檻、愛の鞭」（『労政時報』一九四二・八・二一）——が底辺からたちのぼってあらゆる国家機構や社会組織の内部に転位して行くプロセスと、この両方向の無限の往復から成っている。

この「制度の物神化」と擬制的な郷党社会的結合の「自然状態」に対する「二正面作戦」が、丸山が取り組まなければならない課題でした。

『日本の思想』は今も新しい

すでに「日本の思想」の時代から半世紀が経ち、ここに述べたような丸山の認識は、現実の変化によってかなり修正を迫られていることは言うまでもありません。一方で「制度の物神化」というよりも、その溶解とも言えるような現象が進み、他方で共同体的な紐帯《ちゅうたい》が粉々に摩滅し、バラバラの原子化した個人がむき出しの形でメディア的な仮想空間にさらされるようになりました。その結果、確かに思想的な雑居性はその内部から崩れつつあり、異種混交の雑種性が広がりつつあります。

しかし、国民の間の分裂・格差が進む一方、国民（ネーション）なきナショナリズムとも言うべき上からの強制的統合が進み、それに呼応する原子化された大衆的ポピュリズムが台頭しつつあるように見えます。とりわけ、快適性や安全性をタテに「制度の物神化」が進み、制度を作る主体としての自覚が人々から失われ、いわば柔らかい全体主義や同調主義が蔓延しつつあるようです。

そう考えると、依然として「日本の思想」は、読み方次第でわれわれに多くのものを語りかけてくれるように思えます。とくに、「基底に共通した伝統的カルチュアのある」「ササラ文化」の社会という丸山の着想は、「強靱な自己制御力を具した主体」の織りなす、様々な対話と交流を通じた、自己内対話と他者対話の多事争論的なデモクラシーとともに、今も未完の課題としてわたしたちに残されています。その意味でこの本は昔々の日本の出来事を語っているのではなく、まさしく現在の日本の問題を語っているのです。

イメージに頼らない

最後に、「人はイメージを頼りにして物事を判断する」といううくだりについて触れておきます。

丸山真男というと、旧帝国大学のエリートのイメージが強く、そのことが知識人批判と絡んで、丸山に対する過剰な思い入れ――賛美も批判も含めて――の原因になっているように思えます。しかし、実際の丸山は、単なる象牙の塔のエリートではありませんでした。もちろん、「聖マルヤマ」を担ぎまわるのも、これまた一面的です。

丸山は、被爆体験については赤裸々には語っていませんし、自らは「日本三大おしゃべり」と言いながら、あることには頑なに沈黙を通しました。ある意味、見事です。またわたしの目には、必ずしも幸福な人ではなかったように思えます。その意味では、よしもとばななのお父さん（吉本隆明）のほうが幸福な人生を送っているのかもしれません。丸山が戒めているように、イメージだけで人を判断するのは危険です。

彼はたぶん、自己告白型のセンチメンタルになるのがいやだったのだと思います。一定の思考やカテゴリーを通じて鍛え上げられていない言葉は信じなかった。わたしたちは生のものとか、直截的な経験の持つ衝撃度に感情的に動かされがちですが、彼の考えた思想は生のものをきっちりと一回抽象化して、その上で初めてそれを位置づけていくことだったと思います。ですからわかりやすいとはいえません。

でも、戦後六十年たった今、五十年前に彼が書いたことは依然として過去のことになっていないのです。日本は敗戦から十年後に五五年体制ができました。そこから日本の戦後世界ができあがったわけですが、これを冷戦崩壊後にあてはめ、一九九五年を戦後十年として、そこを基点として考えると、もうそろそろ日本の新しい政治の姿がみえてきてもいいころです。あと何年かかるのかわかりませんが、大きな変化の時代にきていることは間違いないでしょう。このことからも、いま丸山の本が読まれることは大いに意味があると思います。

個人投資家が一瞬のデイトレードでサラリーマンの年収の数倍を手にする時代。ウェーバーが見たら何と言っただろうか＝東京・兜町の東京証券取引所

第5章

資本主義はどこへゆく

――マックス・ウェーバー

『プロテスタンティズムの倫理と資本主義の精神』――

マックス・ウェーバーの『プロテスタンティズムの倫理と資本主義の精神』は、わたしがこの「青春読書ノート」で取りあげた五冊のなかでは最も難しく、なかなか歯が立たないかもしれません。実はわたしも、ごく最近、本当に久しぶりにこの本をめくってみたのですが、さらりとは読み流せませんでした。

ここでは、本の内容を逐一解説はしません。それよりも、わたしとこの本との出会い、この本の持つ意味について、一緒に考えてみたいと思います。

もみの木の木陰にたたずむ墓

中世の薫りを色濃く残すドイツ南部、ネッカー川河岸の古都、ハイデルベルグ。その郊外に、ベルクフリートホーフという有名な墓地があります。広々として、晴れた日にはのんびり散策するのにちょうどいい所です。わたしはドイツ留学中の一九八〇年、そこにウェーバーのお墓参りに行ったことがあります。

その日は大雪でした。ローテンブルクのゲーテ・インスティチュートで知り合った札幌のある先生と一緒に、雪をかきわけ、一生懸命探したのですが、なかなか見つからず、管理事務所をたずねてやっとその場所を教えてもらいました。マックス・ウェーバーという人は二人いることがわかりました。一人はフィジカーとありましたから物理学者でしょう。もう一人がゾツィオローク、社会学者のマックス・ウェーバーで、こうしてやっと目指すお墓にたどり着くことができました。

著名な人のお墓というものは、普通はたいへん目立つものです。マルクスのお墓はロンドンの北郊のハイゲートの丘にあります。その巨大な胸像の前には献花が絶えず、やはり思想的な巨人の面目躍如《めんもくやくじょ》というところです。またマルクスに甚大な影響を与えたヘーゲルの墓は、ベルリンにあり、生前の希望でドイツ観念論哲学の泰斗フィヒテ夫妻の傍らに埋葬されていますが、マルクスほどではないにしても、それとすぐわかる立派な墓です。

ところがウェーバーのお墓は、もみの木の木陰に、ひっそりと隠れるように静かに立っていました。わたしと同じくらいの背丈の苔生《こけむ》した墓石には、「すべて過ぎ去りゆくものは比喩のごとし」という有名な台詞が刻まれています。二十世紀最大の社会科学者にしては、なんとも地味な佇《たたず》まいで、そこがまた彼らしいと感じたものです。

七〇年代末から八〇年代初め、ドイツ留学中にわたしは巡礼者のようにヨーロッパを彷徨《さまよ》っていた時期がありましたが、それを導いたのがウェーバーだったのです。

「意味」へのこだわり

それではどうしてウェーバーに惹かれるようになったのでしょうか。キッカケは、偶《たま》さかある友人から漱石とウェーバーについて講釈を受け、その話がとてもその当時のわたしの気分に合ったからです。つまり、なぜ自分はいまこんなふうに生きているのか、なぜ自分の青春はどんよりと曇り空なのか、自分に生きる価値があるのか、こういった鬱勃《うつぼつ》とした思いに、「意味問題」という視角から新しい世界を垣間見せてくれるような気がしたのです。

大学生になりたての頃、わたしはへべれけになるまで痛飲したり、泥酔したまま道路に横たわったり、随分と無軌道なことをやったものです。『三四郎』のところでも触れましたが、わたしの世界と現実の世界は、ひとつの平面に並んでいながら、どこにも接触していないもどかしさを感じていました。世界は猛烈に揺き、そして自分はそこから置き去りにされている、そんな感じでした。とはいえ、現実の世界と接触しようにも、実はほとんどその手がかりが見つけ出せなかったのです。焦燥と幻滅の連続でした。しかし他方で、荒々しい現実の世界と接触していない、ある意味で傍観者であることにヌラヌラとした心地よさを感じていました。

でも、そんな自分を意気地《いくじ》がない奴だと思う気持ちも強く、時には自分を抹殺したいような衝撃に駆られたこともあります。その鬱勃としたエネルギーは、放埒《ほうらつ》な振る舞いに費やされ、空回りするだけでした。

酔いが覚め、自己嫌悪に苛《さいな》まれながら、道路に寝そべって夏の夜空の星を見ていると、無性に「どうして、どうして」と理由を求め続ける人間の性《さが》のようなものが、疎《うと》ましくなるだけでした。「どうして?」この意味を求める志向的な欲望から自由であるとすれば、どんなに幸せだろう。

ところが、何と、ウェーバーの社会学は、その「意味問題」を社会学の根本テーマに据え、社会的行為の意味を「理解」しつつ、社会的行為の織りなす社会諸関係の因果関係や規則を明らかにしようとするものだったのです。これは、わたしには驚きでした。

社会科学とは、自然科学と同じように、社会の変化の法則を導き出すものと考えていたわたしには、目から鱗《うろこ》が落ちるような発見でした。

ウェーバーは、「意味問題」を社会学の中心的テーマに据えることで、社会的行為の意図と結果との逆説的な関係を鮮やかに描いてみせました。その壮大な歴史の逆説は、この本の末尾近くに印象深く叙述されています。

ピュウリタンは天職人たらんと欲した——われわれは天職人たらざるをえない。というのは、禁欲は修道士の小部屋から職業生活のただ中に移されて、世俗内的道徳を支配しはじめるとともに、こんどは、非有機的・機械的生産の技術的・経済的条件に結びつけられた近代的経済秩序の、あの強力な秩序界《コスモス》を作り上げるのに力を貸すことになったからだ。そして、この秩序界は現在、圧倒的な力をもって、その機構の中に入りこんでくる一切の諸個人——直接経済的営利にたずさわる人々だけではなく——の生活のスタイルを決定しているし、おそらく将来も、化石化した燃料の最後の一片が燃えつきるまで決定しつづけるだろう。

ここには、「つねに善を欲しつつ、つねに悪を」、つまり、宗教的禁欲の立場に立てば、「悪」としか見えないもの、つまり所有とその誘惑を作り出し、結果として資本主義の揺《よう》籃《らん》期を早めてしまった、宗教倫理の逆説が見事に描かれています。この「禁欲的節約強制による資本形成」こそ、この本の最大のテーマなのです。
社会的行為の意味の理解を介した、何と深遠な洞察ではないでしょうか。

「意味への意志」

それにしても、意味を求める人間の性は、悩みの源泉であり、悲劇の根源かもしれません。しかし、同時にそれは、ある意味で「人間の証」でもあるのです。
世界的ベストセラー『夜と霧』の作者で、ロゴテラピー（ロゴス＋テラピー）や実存分析を展開したオーストリアの精神科医ヴィクトール・E・フランクルは、『神経症―その理論と実践』の中で、「Homo patiens（苦悩する人間）の、価値の序列は、Homo faber（道具人）のそれより高い」と述べています。そして他のところでは、次のように述べています。

医師は、苦悩する人間の生命さえも意味をもつものをやめるのではなく、――それどころか――もっとも深い意味を充足しそしてもっとも高い価値を実現する可能性をあたえるものであることをたえず自覚し——また患者にも意識させる必要があります。(『精神医学的人間像』)

絶滅収容所からのサバイバーであったフランクルには、ニーチェの「権力への意志」ならぬ、「意味への意志」こそが人間の実存を支えているという不動の確信がありました。フランクルに先んじて、社会学の立場から、ウェーバーはそのような「意味問題」を真正面に据え、社会学の巨大なトルソを残しました。意味の呪縛から逃れたいと思っていたわたしにとって、よりによってその「意味問題」を中心に人間の社会的行為とその歴史的な意義を明らかにしようとするウェーバーの社会学は、わたしのそれまでの既成観念を覆すほど新鮮だったのです。

「意味問題」をシャットアウトする

この本を読んでまず、驚かされるのは、予定説というカルヴィニズムの教理です。その神学的な詮索《せんさく》は別にして、要するにそれは、人間の有限な配慮を超越した、絶対的な意志によって、あらかじめ救われる者とそうでない者とが決定されているという、恐るべき教説です。

わたしが最初、興味を引かれたのは、こうした「恐るべき教説」が、一切の行為を無意味なものにしてしまう宿命論に陥らず、むしろ逆に徹底して労働に専念する、「行為への実践的起動力」を導き出してしまうという逆説でした。

この場合、生きる意味や労働の意味など、諸々の「意味問題」は、絶対的な神の決定の前に完全にシャットアウトされ、意味を問うことが、そもそも無意味になってしまうのです。どうしてわたしは不遇なのか、どうしてわたしは貧乏なのか、どうしてわたしは病続きなのか、どうしてわたしは恵まれないのか。こうした「なぜ?」「どうして?」という、意味をめぐる根本問題への回路が塞《ふさ》がれることで、いわば「力のエコノミー(経済)」が働き、その分、ひたすら神の意志に従った労働への専念が生じることになるのです。何という逆説でしょうか。予定説は、ある意味で究極の「お悩み解決法」を提示してくれたことになります。

こうして救われる者とそうでない者とがあらかじめ神の意志によって決定されているという、究極の差別的な恐るべき教説は、ニヒリズムのつけ込む余地すら排除し、人々をぞっとするほどの孤独な境地に追いやったはずです。

親友や家族、恋人の間柄であっても、救われる者とそうでない者とが、見えない壁によって仕切られているとしたら、どうでしょうか。永遠の救いに召される人とそれから完全にシャットアウトされた人と、その違いは、どんな人智によってもはかり知れないわけですから、この世の被造物のすべてがその価値を剥奪《はくだつ》されて、全く意味をなさなくなります。

こうして神の栄光を増すために、恋愛やエロス、芸術や感覚的嗜好《しこう》に関心を向けず、ひたすら労働に励み、節制・倹約を通じて労働の成果をもたらすために、自分の生活のありとあらゆる微細な部分まで合理的に組織化していく生活態度が形成されることになりました。ここに世の愉《たの》しみなどはなから拒絶し、自らを「労働機械」あるいは「営利機械」に仕立て上げていく「世俗内的禁欲」のすさまじい形成力が発揮されることになるのです。その荒涼とした光景を、ウェーバーは次のように描写しています。

「隣人愛」は――被造物ではなく神の栄光への奉仕でなければならないから――何よりもまず lex naturae（自然法）によってあたえられた職業という任務の遂行のうちに現われるのであり、しかもそのさいに、特有な事象的・非人格的な性格を、つまり、われわれを取り巻く社会的秩序《コスモス》の合理的構成に役立つべきものという性格を帯びるようになる。けだし、この社会的秩序の構成と編制はおどろくほど合目的的であって、聖書の啓示に照らしても、また生得の直観によっても、それが人類の「実益」のために役立つようにでき上がっていることは明瞭だから、この非人格的、社会的な実益に役立つ労働こそが神の栄光を増し、聖意に適うものと考えられることになってくる。

ピューリタンの場合、宗教がその解決に身をすり減らすような「意味問題」についてあらゆる疑問が完璧にシャットアウトされているのですから、実存的な不安や個人と倫理の分裂といった、神なき時代以後の個人の懊悩《おうのう》などは消え失せているのです。

確かにこういった教説に従って堅忍不抜《けんにんふばつ》の信仰を持ち続けたピューリタンたちを思うと、何だか究極の倒錯としか見えません。人間性の素直な賛美やその自然な欲求の朗らかな肯定とは随分色合いの異なるグルーミーな（陰鬱な）人間のタイプです。こんな人たちとまともに付き合いたいとは思わないでしょう。

しかし、そうしたピューリタンたちの世俗内的な禁欲こそ、資本主義の英雄時代を彩っていたエートス（倫理的態度）なのです。

資本主義の精神と起源

　このようにみてくると、何だか不思議な気持ちになります。学生の頃、未熟ではあれ、あれほど悩み続けた「意味問題」の「解決法」が、予定説の信仰と世俗内的禁欲による労働倫理なのですから、虚を突かれた感じがしました。人生いかに生きるべきかという、もっと深遠な思弁的探求を思い描いていたわたしにとって、「意味問題」をシャットアウトするピューリタンの「解決法」が、ざっくりとした感じで、とりつく島がないように感じられたのです。しかも、そうした「解決法」が、資本のための資本、労働のための労働を執拗に求め続ける「資本主義の精神」へと転化していくことになるのですから、二重の意味で虚を突かれた感じがしました。

　やはり、この本の面白さは、宗教と経済、禁欲と資本主義という、本来ならば、水と油のように対立し合うものが結びつき、そこから思ってもみない結果が生まれてしまう、その逆説の歴史的なドラマにあると言えます。それは、資本主義の起源をどこに求めるのか、ということと関連しています。

例えば、話題になった村上ファンドの代表、村上世彰氏が、インサイダー取引の嫌疑をかけられ、その釈明に追われていたときの発言を例にとってみましょう。要するに彼は単刀直入に「お金儲《もう》けがなぜ悪いのですか」と開き直るような発言をしたのです。

そうです、お金儲けが悪いわけでは決してありません。それが悪いならば、そもそも資本主義など成り立ちえないのですから。ただ、この発言に眉を顰《ひそ》める人々が多かったのは、それが吝嗇《りんしょく》の哲学というか、金ぴかの成り上がり的な資本主義の権化《ごんげ》のようなイメージを喚起したからではないでしょうか。

もし資本主義の精神というならば、そうした吝嗇の哲学や功利主義的な打算の精神を言うのではないか、普通、そう思うかもしれません。要するに、果てしない富への欲求や営利欲こそ、それにふさわしいように思われがちです。

実際、ウェーバーの時代、資本主義の精神やその起源をめぐって論争がありました。その代表的な論争相手が、経済史家として有名なウェルナー・ゾンバルトです。とくに、この本に触発されて書かれた『ユダヤ人と資本主義』や『恋愛と贅沢と資本主義』などは、ウェーバーの資本主義の起源をめぐる見解と著しく異なっています。

この本の中でもウェーバーは、資本主義起源論争を意識していて、例えば、次のようにその違いを指摘しています。

ピュウリタニズムの主張者たちは、徹底して、そうした種類の国家的特権の上に立つ商人・問屋・植民地的資本主義に対する激烈な反対者となったのだった。こうして――イギリスにおいては、国家的特権の上に立つ独占産業が、まもなくすべて消滅してしまうのにひきかえ――ピュウリタニズムの創造した心理的起動力は、政府の権力にたよらない、部分的にはむしろそれに抵抗して生まれつつあった産業の建設に、決定的な助力をあたえることになった。

ウェーバーからすると、プロテスタンティズムの宗教倫理にもとづく独自の市民的なエートスによって支えられた産業資本主義は、戦争や奢侈《しゃし》、国家的特権や行政的な利権、金融や高利貸し、植民地行政などとは無縁な、むしろそれらと対立した資本主義の類型ということになるのです。ですから、さしずめ村上世彰氏のような金融ビジネスの「冒険者たち」（アドヴェンチャラーズ）は、金融寄生的な資本主義の類型に括《くく》られるかもしれません。それは、資本主義の起源とユダヤ人の経済活動を結びつけたゾンバルト的な資本主義の類型に属していることになります。

確かに、普通に考えると、ゾンバルトの方に軍配を上げたくなります。欲望の極大化がモノやカネ、サービスを作り出し、市場で交換され、利潤を得て、それを元手にさらに資本を作り出し、利潤を得る、そのような循環のループが出来上がることが、資本主義のシステムと言えるわけですら。そう考えると、資本主義は、禁欲ではなく、むしろ欲望の拡大の中から成長してきたということになります。この俗耳に入りやすい資本主義の起源のストーリーを否定することが、ウェーバーの狙いのひとつだったことは間違いありません。

わたしが学生の頃、この本の訳者でもある、西欧経済史家の大塚久雄の影響もあり、資本主義の起源論争は、圧倒的にウェーバーに軍配が上がっていました。当時は、わたしもそれを疑っていませんでした。ですが、ウェーバーの資本主義の類型が、生産を中心とする産業形態とそのエートスに重点を置いているとするならば、ゾンバルトのそれは、企業形態や金融的側面に重きを置いており、かなりすれ違っています。しかも、後で述べますが、現代の最新の資本主義が、金融や通信、流通やサービスを中心とするグローバル・キャピタリズムに移行しつつあることを考えると、ゾンバルトの考えが新たな光の下に甦ってくるような気がしてなりません。

ウェーバーの悲観的な予見

この本で圧巻なのは、やはり資本主義の現状とその未来に対するウェーバーの悲観的な予見の部分です。その件は先に引用した通りですが、さらに続けて言えば、「労働の非人間性」に宗教的な光明を与えた禁欲が宗教的な生命力を失って以後、そこから生まれた経済的秩序の外枠は、「鋼鉄のように堅い檻《おり》」となり、「ついに逃れえない力を人間の上に振るうようになって」しまいました。

今や、禁欲の精神は「鉄の檻」から抜けだし、「勝利をとげた資本主義」は、その価値法則に従って自動機械のように動いていくことになるのです。もはや、職業倫理や天職の思想は亡霊のように徘徊《はいかい》しているだけですし、せいぜい倫理の外皮をまとったイデオロギーに過ぎなくなっています。その結果、営利活動は自由競争という名のゲームやスポーツにも喩えられることも稀ではなくなりました。

ウェーバーの肺腑《はいふ》を抉《えぐ》るような予見は、読む者を戦慄させるほどです。

将来この鉄の檻の中に住むものは誰なのか、そして、この巨大な発展が終わるとき、まったく新しい預言者たちが現われるのか、あるいはかつての思想や理想の力強い復活が起こるのか、それとも――そのどちらでもなくて――一種の異常な尊大さで粉飾された機械的化石と化することになるのか、まだ誰にも分からない。それはそれとして、こうした文化発展の最後に現われる「末人たち」》letzte Menschen《にとっては、次の言葉が真理となるのではなかろうか。「精神のない専門人、心情のない享楽人。この無《ニヒツ》のものは、人間性のかつて達したことのない段階にまですでに登りつめた、と自惚れるだろう」と。

ここにいう、幸福を見いだした最後の人間、「末人たち」というのは、ニーチェを意識した言葉です。我々こそが、文明の最終段階にいると自惚《うぬぼ》れる人たち。それは、いまグローバリゼーションの恩恵を一身に独占し、豊かさと放縦を恣《ほしいまま》にしている世界の富裕層たちを指しているのかもしれません。あるいはそうした「勝ち組」と隊列を組む権威的なテクノクラートや学者なども含まれているかもしれません。

いずれにしても、ウェーバーの予見は、辛辣《しんらつ》であり、また悲観的です。ある意味で資本主義に対するこれほど痛切な批判はありません。

苦悩する知識人

このように、ある意味でミュータント化した資本主義の世界の中で生きざるをえないという問題は、ウェーバーだけでなく、彼とほぼ同時代を生きた漱石にとっても深刻な問題でした。

例えば、『それから』の主人公・代助を取り上げてみましょう。彼はいわゆる高等遊民で、定職に就いているわけではありません。父親が築いた財産で生活し、兄や兄嫁にまでカネの無心をしたりします。朝はきちんと髭《ひげ》を剃って、丸善で洋書を買って、資生堂の化粧品をつけ、それでいて世の中を批判ばかりしている「余計者」です。

では、この自意識過剰な知識人にはどんな結末が待っていたでしょうか。彼は人妻とただならぬ恋に落ち、その破局によって親から勘当され、あくせくと職を求めて世の中に出て行かざるをえなくなるのです。彼が忌み嫌ったパンのためにあくせくと生きざるをえず、せいぜいどこかの組織の歯車のひとつになるのが関の山です。

自分はカネのために身を売りたくないという代助が、国のためだとか公のためだとか、いろいろ大義を振りかざして自分たちの営利活動を正当化している代助の父や兄を批判する場面があります。代助の目には、勤勉や節約のモラルをふりかざしても、所詮、偽善にすぎない、中身はむき出しの私益が跋扈《ばっこ》する資本主義の醜悪さに対する嫌悪が現れていきます。そこには、日露戦争を境に早熟的に帝国主義的な拡大へと転じていく日本の在りように対する批判的な眼差しがあります。

ウェーバーの場合も同じく、ドイツ第二帝政のもと、成り上がりの資本主義的な拡大へと向かって行く現状に対する批判意識が働いていたはずです。

興味深いことは、ふたりが、ドイツと日本という、イギリスやフランスと較べれば、後発的であった国家の中にいながら、しかし同時に資本主義そのものの末路を見据えていたことです。ウェーバーの悲観的な予見については、先に触れた通りですが、漱石の場合もほぼ同じです。このことは、当時の資本主義のフロントランナーであった英国に対する辛辣な批判を見ればわかります。

英人はスレカラシの極、巾着切り流に他国人を軽蔑して自ら一番利口だと信じて居るなり。神経衰弱の初期に奮興せる病的の徴候なり。

このように、ウェーバーも漱石も、資本主義の世界に対して悲観的でしたが、結局、何か決定的なオルタナティブを見いだせたわけではありません。漱石が「自己本位」を掲げ、上滑りに滑っていくしかないと考えていたとすると、ウェーバーも、「日々の要求に従って生きる」ことを薦めました。彼らには、革命的な選択肢はありえなかったのです。ここに彼ら知識人の苦悩を見る思いがしますし、それは今日まで続いています。ですから、次のようなウェーバーの予測は、まるで現代の世界を言い当てているように錯覚するほどです。

大工業の生産組織が住民の『頭上にかぶせた』かの独特の『装置』の構造は、そのきわめて運命的な意味において、生産の『資本主義的な』組織か、それとも『社会主義的な』組織かという問題の範囲すら越えている。というのは、この『装置』の成立したこと自体が、こういう二者択一とは無関係だからである。事実、近代的な工場、それは職階制と規律を備え、機械に労働者を束縛し、集積によって巨大化したが、同時に（たとえば、昔の紡ぎ小屋に比べると）労働者を孤立化させ、また労働者がきわめて簡単に操作できる巨大な生産装置をもっているが――概念的には――生産の資本主義的な組織とも社会主義的な組織とも無関係である。近代的な工場は、人間や人間の『生活様式』に、広範な、まったくそれに特有な特殊の影響をあたえる。（『工業労働調査論』）

金融資本主義の時代

それでは、金融を中心とするグローバルな資本主義は、ウェーバーの視点から、どのように分析できるのでしょうか。

すでに、資本主義の起源をめぐる論争で若干触れましたが、マネーがマネーを生み出すような資本主義は、明らかに市民的経営資本主義からすれば、「逸脱」あるいは「非主流」とみなされるはずです。ユダヤ人の経済活動を資本主義の起源と見るゾンバルトの言う資本主義は、ウェーバーから見ると、「賤民資本主義」（この場合の「賤民」という言葉には差別的なニュアンスがありますが、さし当たり定訳に従っておきます）の類型に属することになります。

ところが、自由で公正な競争や市場の透明性、企業のアカウンタビリティなどがいろいろと言われ、様々な法的システムが開発されてきたにもかかわらず、不正や隠蔽《いんぺい》、不確定性は増すばかりで、その結果、自由競争市場のお手本のように言われてきたアメリカの金融商品に対する信頼は大きく揺らぎ、サブプライムローンにあるように、信用供与のシステムが破綻しかねない有様です。

このような、「カネがカネを生む」資本主義は、明らかにウェーバー的ではなく、ゾンバルト的です。少なくともウェーバーの資本主義の類型論からすれば「逸脱」であるものが、今や中心に躍り出て、ニューヨークやロンドン、東京やフランクフルト、香港やシンガポールといった世界の金融センターが出現するようになりました。このような巨大都市には高層ビル群が建ち並び、洒落《しゃれ》たカフェーやレストラン、ショッピングモールが出現し、都市のランドスケープを変えてしまいました。この都市の光景が東京をどう変えつつあるのか、この点はすでに第一章で触れた通りです。

超高層ビルがぎっしり建て込んだ汐留シオサイト＝東京・港区

こうした情報技術の飛躍的な発展によって支えられた金融資本主義は、ウェーバーの目には、「賤民資本主義」あるいは「投機的資本主義」の変種と見なされるはずです。別の言い方をすれば、カジノ資本主義と言ってもいいかもしれません。

例えば、そのような博打《ばくち》的な資本主義のセンターになっている東京に全国の地方法人税の数分の一が集中しています。資本主義の正統な系譜ではなかったもの、異端視され、「継子」扱いされてきたものが、資本主義の中心に躍り出てきたわけです。

その結果どうなったでしょうか。節制、勤勉、労働の意味がなくなりつつあります。たとえどんなに汗を流して働いても、儲からなければ意味がない。「お金を儲けて何が悪いんですか」という吝嗇が、堂々とまかり通ることになります。

ウェーバーの時代はまだ製造業がメインの重厚長大産業の時代でした。ウェーバーは第一次世界大戦後の一九二〇年に没していますから、せいぜい六〇年代までの資本主義の類型が、ウェーバーの想定していた資本主義ということになるでしょう。しかし、グローバリゼーションは、金融経済を資本主義の中核に押し上げました。もはやマネー経済の膨大な資金が、実体経済を左右する時代になっているのです。

しかしそれにしても、そうしたカジノ化した金融資本主義は危うくないのでしょうか。このような金融中心の資本主義は、いつか破綻しないのでしょうか。少なくともブラックマンデーや一九九七年のアジア通貨危機のような現象が繰り返されることはないのでしょうか。金融危機はこないのでしょうか。それは、休火山の上でみんなで踊っているようなものではないのでしょうか。いつか火山が爆発し、世界恐慌のようなカタストロフが起きることはないのでしょうか。

自分は無関係だと思っていても、社会全体がそのような金融中心の経済システムに組み込まれていますから、破綻の影響は甚大です。

いずれにしても、今われわれの周りで進行している事態は、既存の経済学の常識をはるかに超えているかもしれません。

実物経済でいこう

こうした、非合理性の極みのような金融資本主義を、「これが最も合理的だ」と言っているのが市場原理主義者たちです。彼らが「合理的な愚か者」ではないという反証はどこにあるのでしょうか。

もちろん、経済の素人であるわたしの懸念など、取るに足りない杞憂《きゆう》なのかもしれません。破綻はまだ現実にはなっていません。ただ、わたしはこれからはマネーではなく、「実物」に特化した「暮らし」(livelihood)が見直されてくるのではないかと思います。

例えば、最近はクライネガルテンといって庭付きの小屋を借りて自分で農作物を作る人が増えています。これは、その地域で収穫したものをその地域で消費する、いわゆる「地産地消」の一環と考えられますし、こうした傾向は、今後も広がっていくのではないでしょうか。どちらかというとわたしは漁業が好きなんですが、農業をやって、実物経済的な「暮らし」に喜びを見いだすようなライフスタイルに人々の目が向けられていくかもしれません。

このところ、中国産の食料品が問題となって、何でもかんでも好きなもの、おいしいものを安く食べられる今の食生活は限界に近づきつつあるのではないでしょうか。食糧自給率を落としていろいろな食料生産を海外に依存していくあり方が見直されつつあるようです。

モノの生産や消費は、人と人との関係が見えるようなローカルなマーケットで循環していくのが生態系にいちばん負荷がかからないという「地産地消」の考え方に脚光が当たりつつあります。

市場には金融経済で言うところの「マーケット」と、ヨーロッパの街角に行くとどこにでもある、店と客とが対面で物を売る「マルシェ」の二通りの市場があります。後者の場合、おたがいの顔が見えて、人間の温かみがあって、いいものですよね。これは「しじょう」というより「いちば」と呼ぶのがふさわしいマーケットです。いま、人々が再びそこに目を向けようとしているのです。

人々の生き方が変わる

ウェーバーも、もしかしたらそのことには気づいていたかもしれません。特にアメリカの地方を訪れたときに、直に親しんだ、コミュニティーやセクト（教派）にそうしたものを見いだしていたように思います。セクトというとなにか特別の響きがあるかもしれませんが、こじんまりとした、同じ信仰を持ちながら生活をともにしている人々の結社のようなものを思い浮かべればいいと思います。

今後、実物経済的な「暮らし」への関心が高まれば、交換価値でなく使用価値がより大きな意味を持つようになるでしょう。

グローバルな舞台で成功を目指す人もいれば、ローカルな空間の中に自分の居場所を見つける人もいる、というように人々の生き方も変わっていくでしょう。

イチローや松井秀喜選手はバット一振りで百万円をたたき出すけれども、自分は一年間働いても二百万円しかもらえない。それでも、ここで自分が働いていると、地域の人が「ありがとう」と言ってくれる。それに自分は生き甲斐を感じる。そういう生き方をする人が、今後は増えてくると思います。ウェーバーが生きていれば、こうした多様な生き方を、どう評価するでしょうか。

あとがき

本との出会いは人との出会いに似ています。そこには、自ずからその人となりが反映されているからです。あるいは逆に、人との出会い、本との出会いが、人となりを形作っていくのかもしれません。その意味で、どんな人と出会ったのか、どんな本と出会ったのかを知れば、その人となりもわかるはずです。

とすると、本書は、わたしの人となりを赤裸々に語っていることになります。しかも、「青春読書ノート」と銘打っているのですから、本書は、わたしの青春を語っていることになります。そう思うと、恥ずかしい感じがしないわけではありません。それでも、今では「青春、お前はなんていじらしいんだ！」、そう言ってやりたい心境になります。

最近、ますますそうした感慨にふける機会が多くなったのは、過去を懐かしむノスタルジックな感傷のせいでしょうか。確かに、「敗残の青春」のようなものであっても、青春は青春であり、加齢とともに、甘美なベールに包み、懇ろに愛しみたいと思うのかもしれません。

でもそれだけではなさそうです。わたしの一方的な思い込みなのかもしれませんが、何やらわたしはいま、第二の青春を生きているような気がしているのです。「一身に二生を得る」にひっかけて言えば、一身にふたつの青春を生きている感じがしてならないのです。どうしてそんな感覚が湧いてくるのでしょうか。

そこで思いついたのは、現在というときが、わたしの青春時代ととても似通っているということです。もちろん、歴史はそのまま繰り返すわけではありません。それでも、現代という時代が、何か六〇年代から七〇年代の時代に回帰しているような感覚におそわれることがあるのです。

高度成長期からその終わりにかけて、わたしも三四郎と同じく東京を彷徨っていました。当時の東京は、オリンピックという世紀の祭典の余韻に浸りながらも、新たなフロンティアを求めて疾走しようとしていました。三四郎の東京が、旧時代の江戸の記憶をかき消すように帝都へと変身していたように、当時の東京は、太平洋の向こう側を目指して、メトロポリタン「ＴＯＫＹＯ」に変わりつつありました。

東京は、ソウルや北京、台北など、みすぼらしいアジアの都市ではなく、「ＮＥＷ　ＹＯＲＫ」と較べられるべき世界の「ＴＯＫＹＯ」になろうとしていたのです。

そんな「TOKYO」を羨ましく思いつつ、わたしの心のどこかに「TOKYOが何だ！」と反発したくなる「田舎者」のツッパリのようなものが脈打っていました。

あのときから四十年、摩天楼のようなビル群が、東京の中のささやかなパトリを、そして地方のパトリを睥睨《へいげい》するように空高く屹立《きつりつ》しています。そのホットスポットだけは、疲弊し、劣化していく地方の惨状をあざ笑うように、繁栄を謳歌しているように見えます。そこには富と放縦の限りを尽くし、日本の残りの人たちと自然の潤いを分かち合うのでなく、自分たちだけの快適さと安全さを独占し続けるグリーディな（貪欲な）「TOKYO」の姿があるように思えてなりません。

「オリンピックを再びTOKYOで」。この呼びかけに激しい憤りのようなものを感じたのは、わたしだけでしょうか。「日本という国はなあ、大の虫を生かすために小の虫ば殺してきたとたい。ばってん、小の虫にも何分かの魂があるとばい。それば見せてやりたか」。かつて下筌《しもうけ》ダムの建設予定地に「蜂の巣城」を作り、国の治水事業に徹底抗戦した室原知幸の言葉がわたしの脳裏をかすめることがあります。

室原が今のTOKYOを見たら、きっと同じことを言うはずです。そしてきっと怒鳴りつけるでしょう。「なんばしよっとか、お前たちは！」。

『三四郎』の広田先生の口吻を借りて言えば、ＴＯＫＹＯは「亡びる」ように思えてなりません。随分とぶっそうなことを言うようですが、この場合の「亡びる」とは、牛と大きさを競い合って膨らんだ腹が割けてしまうカエルの話に喩えられるかもしれません。

「東京が変われば日本が変わる」。さすがに手練れの政治家にして、小説家の石原都知事は、「金の卵」ＴＯＫＹＯの価値をしっかりと認識していました。しかし、日本列島に「ぽっかりと浮かぶ島宇宙」のようなＴＯＫＹＯの出現とともに、日本はどうなったでしょうか。「ＴＯＫＹＯの、ＴＯＫＹＯによる、ＴＯＫＹＯのための日本」に成り下がったのではないでしょうか。もはやＴＯＫＹＯ一極集中のレベルを超えて、ＴＯＫＹＯが日本そのものになり、日本はますますＪＡＰＡＮに変貌しつつあります。それは、たとえ伝統や愛国心といったナショナリズムの外衣を纏《まと》っても、中身は弱肉強食のグローバリゼーションに骨の髄まで「洗脳」されたＪＡＰＡＮにほかなりません。

そのような虚実をとりまぜたＪＡＰＡＮに未来があるようには思えません。それとは違った日本の姿を思い描くことは可能でしょうか。そのためには、東京が変わらなければなりません。この意味ではわたしの認識は、石原都知事と同じです。だがそのベクトルは、全く逆を向いています。それが、どんな方向を目指すことになるのか、まだ明らかにすることは出来ませんが、本書が奇しくも「東京論」から始まるのは、決して偶然ではないように思います。その意味で本書は、青春読書ノートであると同時に、もうひとつの東京、もうひとつの日本を模索する出発点でもあるのです。

本書は、朝日カルチャーセンターでの連続講義をもとに、それに大幅の加筆、修正をほどこした、事実上の書き下ろしと言えます。ただ、やはりカルチャーセンターでの受講生とのやりとりがなかったならば、このような形でまとまることはなかったかもしれません。その意味で連続講座を設えてくださった長澤洋子さんに心より感謝の意を表したいと思います。そして何よりも、朝日新書編集部の井原圭子さんの励ましと助言がなかつたならば、本書が日の目を見ることはなかったはずです。ありがとうございます、井原さん。

二〇〇八年三月

姜　尚　中

姜尚中の青春読書ノート　関係年表

一八二一	ボードレール、パリに生まれる
一八四八	フランス二月革命、マルクスとエンゲルス『共産党宣言』発表
一八五七	**『悪の華』**初版発行
一八六四	マックス・ウェーバー生まれる
一八六七	夏目漱石生まれる、ボードレール没、大政奉還、王政復古
一九〇〇	パリ万博が開かれる、漱石が英国に留学
一九〇四	日露戦争（〜〇五）
一九〇五	ウェーバー、論文**『プロテスタンティズムの倫理と資本主義の精神』**発表
一九〇八	九月一日、『朝日新聞』で**『三四郎』**の連載始まる
一九一〇	日韓併合
一九一四	丸山真男生まれる、第一次世界大戦（〜一八）
一九一六	夏目漱石没
一九二〇	マックス・ウェーバー没
一九二九	世界恐慌
一九三九	第二次世界大戦（〜四五）
一九五〇	朝鮮戦争（五三年休戦協定）　**著者、熊本市に生まれる**

一九六〇	四・一九学生革命、六〇年安保、所得倍増計画
一九六一	朴正煕、クーデターで政権掌握、**『日本の思想』**（岩波新書）初版発行
一九六四	東京オリンピック開催
一九六九	東大紛争で入試中止　**著者、早稲田大学入学**
一九七〇	七〇年安保、大阪万博、三島事件
一九七一	ニクソンショック（金ドル兌換停止、米中国交回復）
一九七二	あさま山荘事件、南北共同声明、維新体制、『世界』で**『韓国からの通信』**連載開始
一九七三	金大中氏が東京・パレスホテルから拉致される、第一次石油ショック
一九七九	著者、ドイツ留学（〜八一）　朴大統領暗殺される
一九八九	ベルリンの壁崩壊
一九九六	丸山真男没
一九九七	アジア通貨危機
一九九八	金大中氏、大統領就任
二〇〇〇	南北首脳会談
二〇〇一	米同時多発テロ
二〇〇二	小泉首相が北朝鮮を訪問、日朝平壌宣言
二〇〇三	イラク戦争、北朝鮮核開発問題が表面化
二〇〇六	北朝鮮が核実験

※本文中、本書で取りあげた作品からの引用は、以下を底本とした。

『三四郎』夏目漱石作 (岩波文庫)

『悪の華』ボオドレール 鈴木信太郎訳 (岩波文庫)

『韓国からの通信 —1972・11~1974・6—』T・K生 「世界」編集部編 (岩波新書)

『日本の思想』丸山真男 (岩波新書)

『プロテスタンティズムの倫理と資本主義の精神』マックス・ウェーバー著 大塚久雄訳 (岩波文庫)

姜尚中　カン・サンジュン
政治学者。1950年、熊本市生まれ。早稲田大学大学院政治学研究科博士課程修了。エアランゲン大学(ドイツ)留学後、国際基督教大学准教授などをへて、東京大学大学院情報学環教授。著書に『愛国の作法』、『ナショナリズム』、『在日』、『増補版　日朝関係の克服』、『姜尚中の政治学入門』ほか。

朝日新書
104
姜尚中《カンサンジュン》の青春読書《せいしゅんどくしょ》ノート

2008年4月30日第1刷発行

著　者　姜尚中

発行者　岩田一平
カバーデザイン　アンスガー・フォルマー　田嶋佳子
印刷所　凸版印刷株式会社
発行所　朝日新聞出版
〒104-8011　東京都中央区築地5-3-2
電話　03-5540-7772（編集部）
03-5540-7793（販売）

ISBN 978-4-02-273204-0
定価はカバーに表示してあります。

朝日新書

ゴッホは殺されたのか
——伝説の情報操作

小林利延

不遇のうちに精神を病み、自殺したとされる画家ゴッホ。本書は、唯一の純正資料である書簡集を新しい角度から読み解き、誰もが意表をつかれる仮説を打ち出した。緻密な論理と大胆な読みはミステリーノベルよりスリリング！ 従来のゴッホ伝説を覆す一冊。

「民」富論
——誰もが豊かになれる経済学

堂免信義

大不況下で三〇〇兆円も個人金融資産が急増し、景気拡大なのに国民にまったく好況感がない——。ミステリーだらけの日本経済を既存の近現代経済学とは違った視点から解明する。ITメーカーの元技師長が日本人に問う超・経済学の「問題の書」。

公務員クビ！論

中野雅至

相次ぐ不祥事や天下り批判で、キャリアもノンキャリも「県庁の星」も、大氷河期に突入するという衝撃の「公務員論」。賃金格差やリストラも当たり前、自治体のお取り潰し、カリスマ公務員の出現など、仰天の未来図を、「公務員三冠王」の俊英が懇切に解説。

ロハスビジネス

大和田順子
水津陽子

米国生まれのライフスタイル「ロハス」を支持する消費者が急増。企業も次々にビジネスにロハス的要素を取り入れ始めた。「使い捨てない電池」など二〇を超す先進企業の事例を四タイプに分類して分析、ロハスを取り巻くビジネスのすべてがわかる決定版。

悪魔という救い

菊地章太

どうして、カトリックの世界では「悪魔祓い」という摩訶不思議な儀式が生き続けているのだろうか。「悪魔祓い」が絵空事ではなく、「救い」の儀式であることを訴え、その知恵が現代日本の若者に漂う閉塞感打破につながると説く。日本初の学術的入門書。

老いを照らす

瀬戸内寂聴

誰にも逃れることができない老いと死。そうであるならば、せめてできるかぎり美しく老い、美しく死のうではありませんか。聞くだけで気が休まる、心がすっと軽くなると評判の寂聴法話・講演から「老い」と「死」に関する話題をセレクトした傑作選。

キレる大人はなぜ増えた

香山リカ

駅や病院、学校、飲食店で増殖中のクレーマー、モンスターペアレント、暴走老人、ウェブ炎上……。公共の場で居丈高に振る舞い「自分は正しい」と思い込む、いい年をした大人たち。キレる大人が増えた背景にある病理を診断、キレないための処方箋を示す。

社名・商品名検定 キミの名は

朝日新聞be編集グループ

よく耳にする会社名、愛用している商品。なのに意外と知られていない名前の由来二二〇を公開。クロネコヤマトのモチーフは三毛猫!? 天ぷら「ハゲ天」は創業者が××だから!? 朝日新聞土曜「be」連載「キミの名は」をベースに難問・怪問を加えた検定本。

すごい製造業
——日本型競争力は不滅

中沢孝夫

産業の空洞化、日本衰退……悲観的な未来予測はすべて誤り。日本の製造業は今後も世界の先頭を走り続ける! Aクラス社員の育て方など「よい会社」の共通点を徹底分析。製造業ルポ二〇年、日本を代表する「ものづくり」論者が強さの秘密に迫る。

床ずれ博士の在宅介護

大浦武彦

現場が病院から家庭に移った「介護」。どうすれば患者も家族も快適に過ごせるか。介護制度の賢い利用法、家族間トラブル回避法、さらに床ずれができないベッド選びまで。日本で初めて、床ずれの治療と予防が可能なことを証明した「床ずれ博士」の渾身の新書。

酔眼のまち――ゴールデン街　1968～98年

たむらまさき
青山真治

カウンターカルチャーの聖地・新宿ゴールデン街。1968年の新宿騒乱からバブル期の狂乱を経て、98年までの映画人の梁山泊ぶりを、渦中にあった映画キャメラマンたむらまさきの証言を通し、映画監督・青山真治がドキュメンタリータッチで聞き書きする。

骨董掘り出し人生

中島誠之助

お宝を掘り出すことと人生を拓くことは同じ。『開運！　なんでも鑑定団』の名物鑑定士が、波瀾万丈の半生を振り返りながら、「人生の目利き」になるための秘訣を明かす。ニセモノに騙されない方法など実践編も。骨董に限らない中島美学の真髄を満載。

女の読み方

中森明夫

二谷友里恵からモーニング娘。まで。女一〇〇人で読み解く、ロストジェネレーションの原風景。「おたく」「チャイドル」「サブカル」の命名者として知られるコラムニストによる、九一～〇二年『週刊SPA！』人気連載から精選。女という鏡で見る九〇年代論。

パブリック・ジャーナリスト宣言。

小田光康

昨今、話題となっている「パブリック・ジャーナリスト」（PJ）のすべてが、この一冊でOK。ネット空間で爆発的に繁殖し、活動しているPJ。賞味切れ偽装問題、地下鉄運転手さぼり事件など、世に放った特ダネとともに、その存在意義を問う。

日本はなぜ地球の裏側まで援助するのか

草野　厚

巨額の財政赤字に年金不安、格差社会……。渦巻く不安と不満で、ODA（政府開発援助）は窮地に。だが、著者は「資源小国、経済大国の日本」こそ、国際協力は「国の生命線」「影の〝軍事力〟」だと説く。次代日本のあり方を考える「国際協力問題」最適入門書。